チカニシヤ出版

斎藤清二 著

関係性の医療学

物語能力を育てる

目次

はじめに ... v

正月——年のはじめの祝い

1 富山の昔の正月 富山市八尾町 十二月八日 ... 2
2 春祭りのどんど焼き 南砺市井波 一月十日 ... 6
3 口屋の大ダイマツ 富山市婦中町 一月一日 ... 10
4 大鏡餅のアズキかけ 黒部市宇奈月町 一月一日 ... 14
5 獅子舞・田祭り 砺波市庄川町 一月一日 ... 16
6 獅子舞の民俗 立山・魚津市 二月二日 ... 18
7 寒餅搗き 高岡市戸出 一月二十二日 ... 20

目 次

夏

畑作りとプランの再考 ——秋野菜の作付計画と初夏の種蒔	18
春蒔き大豆の種蒔	
日当たりと蒔き時	
カブの移植	
畑隅の花畑と薬草園	11
春蒔き大豆の日当たりと蒔き時	12
カブの移植	
三月下旬、畑隅の花畑	16
二月中旬、畑隅の花畑の立ち上げ	
冬の畑	9
二月八日、キャベツ／大根	8
三月三日、生垣の整理	
二月三日、植木の剪定	
二月一日、木々の健康のための剪定	

春

28 38 41 44 46 49 51 53 56 64

14	鍵の蛇巻き・今里の蛇巻き　田原本町鍵、今里　六月の第一日曜日	66
15	金峯山寺の蓮華会（蛙飛び）　吉野町金峯山寺　七月七日	70
16	御所の献灯行事　御所市宮前町　鴨都波神社　七月一六日	72
17	田原の祭文音頭　奈良市田原地区　八月第二土曜日ないしは八月一五日・一〇月の体育の日の前々日	74
18	八島の六斎念仏　奈良市八島町　三月一五日・八月一四日	76
コラム　サビラキとサナブリ		78
19	東坊城のホーランヤ　橿原市弓場町春日神社・東坊城町八幡神社　八月一五日	80
20	十津川（西川）の大踊　十津川村重里　八月一五日	82
21	阪本踊り　五條市大塔区阪本　八月一五日	84
22	大柳生の太鼓踊り　奈良市大柳生町　八月一七日に近い日曜日	87
23	木津川の祈祷念仏　東吉野村木津川　八月一八日	89
24	国栖の太鼓踊り　吉野町国栖　不定期催行	91
25	吐山の太鼓踊り　奈良市都祁吐山町　不定期催行	93
コラム　風流と仮装		95

秋 ──収穫を神仏へ感謝

26 邑地の神事芸能　奈良市邑地町　水越神社　一〇月の体育の日の前日・前々日　98

27 奈良豆比古神社の翁舞　奈良市奈良阪町　奈良豆比古神社　一〇月八日　104

コラム　田楽と相撲　107

28 狭川の神事芸能　奈良市下狭川町　九頭神社　一〇月の体育の日　110

29 柳生の宮座行事　奈良市柳生町　八坂神社　一〇月の体育の日　112

30 曽爾の獅子舞　曽爾村大字今井　門僕神社　一〇月の体育の日の前日　115

31 題目立　奈良市上深川町　八柱神社　一〇月一二日　118

コラム　神へのそなえもの──神饌──　121

32 高田のいのこの暴れまつり　桜井市高田　一二月の第一日曜日　124

33 春日田楽初宮詣　奈良市鍋屋町　初宮神社　一二月一七日　126

おわりに──映像人類学の試み　129

引用・参考文献　132

はじめに

1 日々の暮らしと神仏への信仰

奈良は旅行で行くところと思い込んでいた筆者が、図らずも港町横浜から奈良に移り住んで早一〇年がたちました。海がない、富士山がみえないといった不満を感じながらも、都会暮しと田舎暮しのちょうど中間に位置する奈良での生活にすっかり溶け込んでしまいました。朝、勤務先へと向う道すがら、時代劇のセットのような奈良町の路地を自転車で駆け抜けるという都会の生活ではありえない時間や、暮の春日若宮おん祭や春のお水取りといった生活のリズムをきざむ奈良の祭りの世界に、どっぷりと浸かっています。

奈良という言葉のひびきからは、東京暮しが長かった筆者にとっては、一二〇〇年前に都が京都に移ってしまっているのにも関わらず、いまだに天平人が闊歩(かっぽ)しているような古都のイメージが浮かんできます。しかし、実際に奈良で生活してみれば、街中にはお寺や神社がひしめき合っていますが、一歩街をはなれてみると延々と田んぼがひろがる農村であることがわかります。それもそのはずで、奈良は中世から近世・近代と近畿

地方の穀倉地帯だったのです。

地図をみると広大な紀伊山地の北側に小さく奈良盆地がひろがり、その北の端に奈良市が位置しています。紀伊山地は今では鄙びた山村や温泉が観光スポットとして注目されていますが、吉野、大峯山、熊野と中世から信仰を集めた聖地がつらなっています。江戸時代には伊勢街道も整備され、多くの参詣者が旅しました。江戸の後半には、熊野信仰が盛んな東北地方から多くの巡礼者を集めたところでもあります。毎年秋に学生を連れてトチモチ作りに行く川上村に鎮座する丹生川上神社からは、江戸時代の東北地方の地方貨幣である「仙台通宝」という古銭が出土していて、東北地方の巡礼の人たちがここを通過したことがわかります。まさに、奈良は巡礼の道が東西南北に走る信仰の聖地であるといえるのです。

奈良の祭りの面白さは、第一にその演目や所作の特異性にあります。さまざまな仮装や異性装が特徴となる祭りの存在は、みうらじゅん氏の『とんまつりJAPAN』のなかに、奈良の祭りが二つも取り上げられていることからもわかります。一方、その特異性は実はその歴史性に由来していることも注目されます。時代のフィルターを通過しながら醸成された歴史的個別性にこそ、他の地域にはない奈良の祭りの魅力があるのです。例えば、奈良の各地では年初から春先の時期に、その年の豊作を祈願してオンダ祭（御田植祭）が行われます。オンダ祭は、牛の面をつけた牛役や田男役が登場して農作業の所作を滑稽に演じる、見物人の笑いが絶えない面白い祭りなのですが、筆者が注目するのは、使用されている鍬などの模造の農具には神社に奉納された時の年号が記されているものがよく見られます。写真で示したのは、江戸時代後期のものですが、このような江戸時代の民具は奈良の地ではしばしば見受けられます。

2　祭礼と暦の関係、そして本書の構成について

大和郡山市植槻八幡神社の祭具の鍬の天保十年の記年

道具の年号の他に、古い時代の奈良の祭礼にも記録されています。中世や近世の奈良の祭礼は、興福寺や春日大社、東大寺などの寺社の僧侶や神官によって詳細に記録されてきました。これらの寺社の史料については、すでに民俗学者や芸能史の研究者や地域史の研究者によって研究が進められてきています。奈良の祭礼に関する特に古い史料としてしばしば取り上げられるのが、本書でも春の祭礼のところで解説している春日大社の御田植神事に関するものです。春日大社の社伝の史料では、約一〇〇〇年前の平安時代後期に「田殖之儀(たうえのぎ)」が登場しています。このことは、現在行われている御田植神事が、そのまま千年前まで歴史遡及可能であることを意味しているわけではありませんが、史料からは鎌倉時代の初め頃には、正月一八日に田殖之儀が行われ、巫女が関与する予祝的な儀礼であったものと推定されています。

このように長い歴史と、その間の大きな宗教的な変革を何度も潜り抜けながら、現在にまで命脈がつながる奈良の伝統的な祭礼について、本書では、季節ごとに解説していきたいと思います。

祭礼の「歳時記」というタイトルを掲げているからには、季節ごとに祭りを紹介していくのが、本書の最大

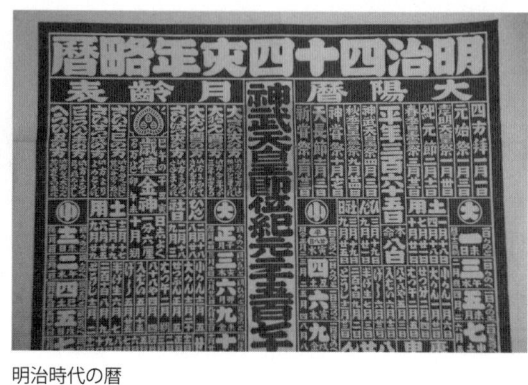

明治時代の暦

の目的であることはいうまでもありません。しかし、取り上げる祭礼の多くは稲作などの農事に関わるものです。したがって、俳句でいうところの季節と必ずしも一致しているわけではありません。

さらに季節の区分の問題を複雑にしているのは、旧暦と新暦のずれの問題です。明治五年一二月に明治新政府は、それまでの太陰太陽暦に代わって、太陽暦を導入しましたが、これは二千年の歴史をもつ日本のコメ作りにとってまさに大変革でした。先祖代々、経験則と融合しながら発達してきた農事暦に大きな変更を加えることになりました。農事の節目節目の時期が変更になると、農業に密接にかかわる祭礼も大きな影響をうけることになります。写真は、明治四〇年の一枚ものの暦ですが、右側が太陽暦、左側が太陰暦になっています。それぞれ、社日、八八や、入ばい、げし、半夏生、二一〇日などの農業の節目となる雑節の日が記されていますが、右側と左側では約一カ月のずれが生じています。現在では、ほとんどの農事は太陽暦に基づいて行われていますが、大正から昭和の初めころまで、太陰太陽暦の影響が強く残っており、祭礼行事もわざわざ旧暦で行われているところが多かったようです。

祭礼行事を研究する場合に、最も重要なのはその催行時期です。いつそのお祭りが行われるのかによって、その祭りの意味や役割・機能といったものが浮かび上がってきます。しかし、日本は、他の国があまり経験し

たことのない、暦の大変革を約百年前に経験しているのです。したがって、祭りの時期も本来の農事暦に整合した時期のものと、旧暦あるいは季節性を整合させるために便宜的に導入された「月おくれ」などによって、一カ月から場合によっては二カ月ほどずれた時期の祭礼が混在しているのです。このような理由から、春夏秋冬それぞれの季節に祭礼を区分していくのは極めて困難な作業となります。

そこで本書では、祭礼の催行時期と役割機能によって、正月を中心とした時期の年初の祭り、春先の御田植祭を中心とした稲作に関わる祭り、夏の時期の疫神祭や風流の祭り、秋の収穫祭を中心とした祭礼の四つのグループに区分して解説していきたいと思います。なぜ、奈良の祭りに冬を設定しなかったかというと、お米の収穫が終わった後、収穫を感謝する秋祭りは必ず行われますが、農家の人々は米の脱穀や精米、俵詰めや出荷などの作業に追われるのが一般的で、最終的に余裕がでてくるのは師走に入ってからになります。もはや冬の祭礼を行うよりは、翌月の正月の準備に追われてしまうのです。そのため、冬の代わりに正月という区分を設けました。

奈良の師走一二月の最も大きな祭礼としては、春日若宮おん祭があります。この祭りは、他の地域的な祭礼行事とは全く別格の、大和一国をあげて行う文字どおりの御祭なのです。現在でも奈良の三条通りは、数多くの露店で賑わいますが、昭和四〇年頃までは、沢蟹、地靴(イノシシの毛皮で作った作業用の靴)、大工道具などを売る店が立ち並び、近郷近在の農家の人々が、農作業などで使用する品々をそろえる重要な機会でもあったのです。その頃のおん祭の露店の賑わいを、入江泰吉氏が写真で記録しています。おん祭も時代を遡ると平安時代後期から室町時代前半までは、おん祭が他と別格の祭りであることは先にも述べましたが、旧暦の

九月の祭りでした。それが、中世後期から近世にかけて旧暦の一一月末に催行するようになり、現在の一二月の祭りとなったのは明治時代以降のことです。このように大和一国をあげて行われるような大きな祭礼でも、長い歴史のなかで秋の祭りから冬の祭りへと大きく変化しているのです。

本書でとりあげた祭礼は、国と県の無形民俗文化財に指定されたものを中心に選び出した三三三事例です。また、夏の野神(のがみ)祭り、秋祭りの特殊神饌や御仮屋(かりや)などの、個別の事例だけではなく奈良盆地で地域的に面的な広がりをもつ祭礼についても、紙数の関係もありすべてを紹介することはできませんので、代表的な事例のみを個別解説でとりあげ、他はコラムで紹介することにしました。

3　祭礼の映像とDVDについて

映像資料としては、祭礼行事を収録したDVDを付録としました。平成一三年から撮りためた祭礼の映像は、写真に示したように奈良の伝統的な祭礼を記録したDVテープが二二巻、このほかに奈良の伝統的な祭礼を記録したDVテープが二六四巻、周辺地域の伝統的な祭礼を記録した他に二台のビデオカメラのハードディスク内にもハイビジョンの映像ファイルがあります。最近八年間の撮影機器の高規格化とハイビジョン化にともない、祭礼の映像を可能な限り高規格のカメラで撮り直しています。撮影に使用した機材は、次頁の写真(上)のような一般的なビデオカメラですが、左からH

撮影したビデオテープ

i8テープのカメラ、DVテープを使用するカメラが二台、中央の二台がハイビジョン映像をDVテープに記録するカメラ、左側二台がハイビジョン映像をハードディスクに記録するカメラです。それぞれカメラに対応した広角レンズやガンマイク等の付属品があります。

この一枚の写真から最近一〇年ほどのビデオカメラの変遷がわかりますが、バッテリーを含めて機器を常に使用可能な状態に維持するのは至難の業です。その下の写真は撮影補助機材です。カメラブレを防ぐには三脚が有効ですが、寺社によっては三脚禁止のところも多く、特に、一脚は参拝の人やアマチュアカメラマンなどで混雑した場所で、カメラを高い位置に据えることができ、祭礼行事の撮影には最適です。

主要な撮影機材

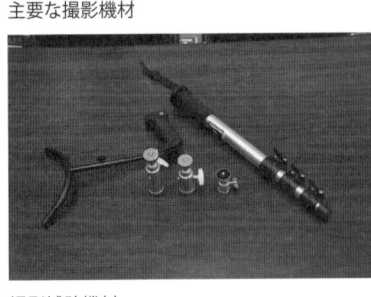

撮影補助機材

このようにして、ビデオカメラの進化とハイビジョン化に対応して、祭礼の映像を新たに撮り直し続けていますが、撮影した映像の内容については、必ずしも新しい方が祭礼の本来の姿を伝えているとはかぎりません。最近の数年間でも、祭礼の催行組織が崩壊してしまったものや、撮影した大人が代わりに参加しているところなどがあります。さらに深刻なのは、高齢化によって祭礼そのものが休止ないしは断絶状態になってしまったものも僅かです

が存在します。このような状態では、撮り直しをすることはもはや不可能です。伝統的祭礼や芸能といった無形民俗文化財は無形であるがゆえに、失われやすくまた変化し続けるものなのです。二六四巻のデジタルビデオテープと二台のビデオカメラに記録された映像は、ここ一〇年間の無形民俗文化財とそれを伝承する地域社会の変化を記録した貴重なものといえます。

次に、撮影した映像の保存と管理・運用のために実施したのが、映像アーカイブの構築です。第一段階として、一テラバイトのハードディスク二台にデジタルビデオテープの映像を完全にコピーする作業を行いました。デジタルテープの映像一巻分をAVIファイルとしてハードディスクに記録することで、互換性の高い映像データの基盤的なアーカイブが構築されることになります。そして、第二段階として、コンピュータ上で、AVIファイルを編集して、再生時間の異なる二種類のMPEGファイルを作成します。

本書に付録したDVDは、このような過程を経て編集された祭礼の動画ファイルの中から、三三事例を選びだし、三四の映像ファイルをチャプターに分割してメニューをつけて、一枚の単層DVDに収録したものです。ひとつの祭礼行事の平均的な映像の再生時間は二分三〇秒前後になっています。また、ハイビジョンで録画した映像も通常のDVDに焼きこめるように、非ハイビジョン映像にダウンコンバートしています。個別の映像ファイルのボリュームはかなり圧縮されたものになっているため、画質がやや悪くなっていることをお詫び申し上げます。

4 祭礼の解説について

本書では季節ごとに、総論的な解説と個別の祭礼について順に解説をしています。個別の祭礼については、筆者が実施した撮影と現地調査における聞き取り調査に基づいて記述しました。また、祭礼の名称については文化財の指定の際の正式名称としました。個々の解説に関しては、奈良県教育委員会の文化財保存課が作成した民俗文化財の調査報告書、民俗文化財の調査報告書、および文化財指定のための報告書、さらに筆者の現地調査の時点での内容となっています。また、調査・記録日時については映像ファイルの最後に撮影日時を入れてあります。行事の内容は、この映像の撮影時点のものであることをおことわりしておきます。なお、祭礼の催行日時は本書を編集した時点のものです。現地におでかけになる際には、祭礼の日程が急に変更になっている場合もありますので、念のため自治体の観光担当の窓口等にお問い合わせいただいた方が確実です。

映像で見る

奈良まつり歳時記

正月——年のはじめの安全祈願

1 修正会 修二会

古都奈良の地に春をよぶ行事として名高いお水取りは、正式には東大寺二月堂修二会とよばれます。お水取りのすぐ後におこなわれる薬師寺の花会式も同様に修二会とよばれます。正月におこなわれる修正会と二月から三月、場合によっては四月初旬にもおこなわれる修二会は、仏教の年初の法会として最も重要なものです。

この他にも年のはじめの正月には、仏教の行事とともに、神社での神道の行事、さらには仏教と神道が入り混じったさまざまな行事が、国の平和や民の安寧を祈願して行われてきました。

修正会と修二会は、前にも述べたように大寺院で年頭の正月と二月に行なわれる法会です。古くは修正月や修二月ともよばれ、仏法によって国家の安寧と鎮護を祈願する古代の国家鎮護仏教のもとで成立しました。なぜ、二回に分けて行われるのかという点については、諸説がありますが、古代に導入された暦の違いから重複して行われようになったという説もあります。修正会と修二会は、長い歴史と宗教儀礼としての変遷のなか

で、さまざまな要素が複合した形で儀礼が構成されるようになりました。

修正会と修二会の中で最も重要なものは、御本尊を賛嘆して苦行をつむことです。これによって、悔過とよばれる部分であり、これは御本尊に対して懺悔し、国家の安寧を祈願するのです。懺悔とは仏教用語としては「さんげ」と発音し、日ごろの過ちを告白し、許しをこい、国家の安寧と国民の幸福を祈念することです。古代の土器に「懺悔」と墨書きされたものが発掘されており、古代までその歴史が遡ります。東大寺のお水取りすなわち修二会とは、御本尊の十一面観音に懺悔（さんげ）する十一面悔過であり、厳しい別火精進や、走りの行法や五体投地礼が行われます。また、薬師寺の修二会（花会式）は、薬師如来に懺悔する薬師悔過が行法の中心となります。次に修正会と修二会の特徴的なものとして、御本尊に御供えする餅や飾り付けすなわち荘厳に用いられる造花があげられます。餅は今日では神社の祭礼や行事で供えられたり、撒かれたりしますが、神社祭祀だけでなく、仏教の修正会・修二会でも必ず御本尊に供えられます。餅をお供えするということは、餅がお米から作られることから第一義的には収穫や豊作を祈願することを意味します。それだけでなく、餅の白く柔らかく暖かい感触は、人すなわち祖先を象徴するものでもあり、祖霊（穀霊）への感謝の意味がこめられているとも解釈されています。一方、御本尊を飾る花には、多くの場合、生花のない寒い時期の行事なので、東大寺のお水取りの椿や、薬師寺の花会式のように造花が用いられます。この花も、御本尊を飾る予祝の意味がこめられています。一方、年初の法会では、荘厳の意味とともに、農業の収穫を予め祝いする予祝の牛玉加持が重要になります。その時に護符として配布災厄を取り除き、人々が平和に暮らせるように祈願する牛玉加持が重要になります。その時に護符として配布されるのが牛玉札(ごおうふだ)です。一般的な書式は、牛玉宝印(ほういん)の四文字が二文字ずつ左右に配置され、中央に寺院名が記

されるものです。東大寺のお水取りの牛玉札は、やや異なる古式の形式で、疫病を除くと明記されています。皇室に献上する「正の牛玉」とよばれる、書式のやや異なるものもあります。なぜ牛玉とよばれるかは、版木で刷られるときの墨に理由があります。その墨と中心に押される朱印の朱には、漢方薬である牛の結石の牛黄が粉末にして混ぜられているのです。呪力のある言葉や真言をさらに薬効のある墨を使って刷ることで、牛玉札のもつ災厄を除く霊力が高められているのです。地元奈良の年配の方のお話では、昔は牛玉札の字のところを切り取って、病気の時に二月堂下の井戸から汲みあげられた香水で飲んだということで、あながち薬効がないとは言えないようです。東大寺のお水取りでは、やはり除災の御札として円形に真言が配列された「尊勝陀羅尼」とよばれるものも有名です。いずれも、お水取りの後半の牛玉日に刷られます。また前述の香水とは、東大寺のお水取りの名前の由来ともなった聖なる水のことですが、このような年の初めの聖水に対する信仰は広く分布しており、年頭に最初に井戸から汲みあげた水で体を清めたり、料理に使用したりする「若水迎え」の風習が奈良には現在でも広く分布しています。

2　地域の正月行事

修正会や修二会などの大寺院で行われる国家の安寧を祈願する法会とは別に、地域社会に密着した村内安全や厄除け、農作物の豊作などを祈願して小寺院で開かれる、ローカル版の修正会ともいえる初祈祷（オコナイ）とよばれる行事も、奈良県内をはじめ近畿地方各地に分布しています。漢字で初祈祷と表記されるこの行

正月の祭礼

年のはじめの安全祈願

東吉野村木津川薬師堂の初祈祷

事は、文字どおり年の初めに村内の安全を祈願する法会なのです。さまざまな作法が行われますが、特徴的な所作として「乱声」があげられます。これは、大般若経転読や神明帳の奉読などが行われる法会の最中に導師の合図で、村人たちがオコナイ棒とよばれる栗の木や漆の木、藤の木等の、長さ三〇センチメートル前後の棒で、御堂の床を大きな音をたてて乱打するものです。乱声の間は耳を覆いたくなるような轟音につつまれ、法会の場にいることを忘れてしまいそうになります。同じように御堂の床を棒で乱打する所作は、唐招提寺の修正会でもみられますし、東大寺のお水取りで、籠りの僧侶が「サシカケ」とよばれる履物で床を踏み鳴らす所作とも関連するもので、呪法のひとつで、足を踏みならして邪気を払うことに由来する所作といえます。

一方、初祈祷と同様の仏教系の行事として、「ケイチン」や「ケッチン」とよばれる行事も県内各地で行われています。漢字では結鎮などと表記されることから、修正会と修二会の結願などに由来するものと考えられます。ショウゴン（荘厳）や「ボダイボダイ」等とよばれる行事とともに、現在は神社で行われるこれらの正月行事も、仏教系の初祈祷を構成するものと考えられます。儀礼としての特徴的な構成要素は修正会や修二会あるいは初祈祷（オコナイ）と同一ですが祭文の奉読、歩射（奉射）、綱掛けや農作業のまねごとをする田遊び等がともなったり、牛蒡食

奈良市大柳生町塔坂の綱掛け（蛸のすがり）

らい行事など食事に特徴があったりと非常に複雑な様相をもっています。

結鎮祭文の奉読と歩射に特徴がある田原本町阪手の八坂神社の結鎮（ケチン）、それから、祭文の奉読と綱掛けおよび歩射が複合した多武峯の桜井市鹿路の天一神社の綱掛け行事、歩射とオンダ行事が複合した奈良市押熊町の八幡神社の卦亭（ケイチン）等の三種類ほどの様相が認められます。一方、新年の除災行事としては、ツナカケ（綱掛け）とよばれる大きな綱を、道を横切るように掛ける行事が各地で行われています。行事の名称としては、「綱掛け」が一般的ですが、神を勧請するという意味の「勧請掛け」や、それが転じた「神縄掛け」などもあります。神社祭祀として行われるものや、先述のように仏教の年初の法会の一部を構成するものなどさまざまな様相がみられます。儀礼の機能としては、伝染病や農作物の不作などの原因となる疫病神すなわち疫神が、村内に侵入するのを防ぐために結界の綱をかけるものです。疫神は道路だけでなく水路を遡って侵入すると認識されていることから、集落の入口の川と道が交差する橋の上などのきまった場所に綱が掛け渡されます。また、綱にはさまざまなサガリがつけられます。多くは、松や杉の枝を梯子状に組んだものですが、桜井市小夫では、年末の十二月と年が明けた二月に神式と仏式で二回掛けるため、松と樒の枝の二種類のサガリとなります。また、川西町下永の

正月の祭礼
年のはじめの安全祈願

八幡神社では綱掛けの綱に「ヨロイ」とよばれる大きな球状の杉玉がかけられ、綱の両脇の古木の上には矢筒に入れた弓矢がおかれます。古式の綱掛けの姿を今に伝えるものとして貴重です。綱はただ掛け渡すのでなく長い竹に掛け渡し、全体としての弓と矢を表象しています。また、特殊なサガリとして、奈良市大柳生町塔坂(とうさか)では木製の鍬と鋤のミニチュア農具の間の綱の中央に、藁で作った蛸が下げられます。疫神除けのものと考えられますが、三重県に類例があるものの、奈良県内には他に例をみない貴重なものです。このような農耕具や山仕事の道具のミニチュアを綱につけて奉納する形式は、後述の山の神祭の影響があるものと考えられます。ところによっては、雌と雄の二種の綱をつくり、合体させたりする行事もありますが、これは、子孫繁栄を象徴するもので五穀豊穣を祈願する意味があるといえます。また、清めといって、参加者が綱に巻きつけられたり、綱で押しつぶされたりすることがありますが、これも年初の除災行事の特徴のひとつと言えます。

山の神祭も奈良の正月の行事の一つです。おもに、県東部や県南部の林業の盛んな山間地域を中心に行なわれています。山の神を祭る祭礼は、七月や一一月など年に数回ありますが、年の初めの一月七日に最も盛大に催行されます。山の神に、山の道具の模造品やオコゼ、山の神のカンザシ(ケズリカケ)等が奉納され、山仕事の安全、豊作、地域の安全等が祈願されます。山添村周辺の東部山間地域、東吉野村と川上村周辺地域、十津川村などで行われていますが、その行事内容に地域的な差異がみられます。

奈良市石木町登弥神社の粥占

3 小正月行事

年初の行事、いわゆる大正月の行事に対して、正月あけの小正月の行事も、奈良にはさまざまなものがあります。代表的なものは、トンドの焚き上げなどともよばれる歳神送りの左義長です。一月一四日の夜に県内各地で行われます。特に県南部では通常の円錐形に薪を積み上げたものでなく、藁と竹を組み合わせて逆円錐形の大規模な松明をつくる例がみられます。また、トンドの火を火縄に移して家に持ち帰り、小豆粥を作って家族そろっていただくという古きよき伝統が今でも残っています。さらに、小正月行事に特徴的な、その年の農作物の作柄や天候を占う年占も県内各地に伝承されています。

特に、農家にとって大切な粥占神事には、筒粥と呼ばれるものと、粥かき棒をつかう棒粥とよばれるものなどがありますが、奈良県内の粥占は、いずれも竹筒を小豆粥に沈めて、管内に入った米や小豆粒の状態から農作物の作柄を占うという筒粥の形式をとっています。奈良市登弥神社や天理市の大和神社の粥占等が有名です。作柄を占う農作物の品種に都市近郊農家の特産である果樹や苺などの果物や、ソウメンの相場まで含まれているところに、地域の特色をかいま見ることができます。

1 河合の弓引き行事

◎上北山村河合　正月八日

　上北山村河合の弓引き行事は、年初の除災行事として少年たちが弓を射る行事で、地区の寺院である景徳寺の年初の法会の修正会と一体となったものです。

　正月八日に本番の弓を射る行事が行われますが、祭の準備は、正月二日の射場の準備と練習から始まっています。前日の七日には矢の的を作り、その後、射手の少年たちが祭礼の当番の家である当屋宅でお籠りをします。さらに、八日早朝には、近くの北山川で厳寒の中冷たい川の水で水垢離禊、つまり禊を行うという厳格なしきたりが現在でも維持されているのです。また、射手となる少年たちは、禰宜、上殿（かみどの）、下殿（しもどの）の三名と射返し（いかえし）から構成されます。それぞれ、装束が異なり、禰宜は直垂（ひたたれ）に烏帽子（えぼし）、上殿と下殿は裃（かみしも）、射返しは紋付に袴を着装します。役割が異なっても装束も厳格に区分されているのです。

　一月八日は昼前後に、当屋宅で「矢立ちの儀」がおこなわれます。杯を交わしたあとで、梁に掛け渡した弓をそれぞれとって出立し、隊列をくんで景徳寺裏の射場に向かいます。

　行事に先立ち、僧侶によって矢的の祓いがおこなわれます。僧侶は、矢的の前で四方

上北山村河合の弓引き行事

と天地に小さな矢を放ち、邪気を祓います。その後で、僧侶は射場を見下ろす高台にある景徳寺の薬師堂で法会に臨みます。法会に参加する僧侶や村の関係者は、お堂に籠っているため、弓を射るところは直接見ることはできません。

はじめに、射返しが射場に渡した板の上をすり足で前後に進み、肩ぬぎになり矢をつがえて、上体を大きく上にそらす独特の作法で矢を放ちます。次に、禰宜、上殿、下殿が同じ作法で順に矢を放っていきます。見事に命中するとかたずをのんで見守っていた村人たちが拍手喝采で祝福します。的までの距離は約五〇メートル、近くで見る的は、直径一・五メートルを超える大きなものですが、射場からは、矢をつがえて指さきに全神経を集中させても、点のような小ささです。次いで、射返しと助太刀の二名の射手が進み出て同じ作法で矢を放っていきます。最後にもう一度、禰宜、上殿、下殿が二本ずつ矢を放ちます。あたりは、命中した時には歓声に、外れたときにはため息に包まれていきます。

この後助大刀とよばれる年長の経験者が矢を放ったあと、射手は一旦退下して射場をあとにします。その頃には、お寺の法会もクライマックスをむかえます。最後に村人も大勢集まったところで、餅まきとなり、村人たちは、お餅や厄除けの御札を手にして家路につきます。

2 山の神祭

◎東吉野村木津川　正月七日

　山の神祭とは、山の神さまに山仕事の安全を祈願して、さまざまなお供えもの献じる祭です。奈良県内では、林業が盛んな、東部山間地域や吉野地方、奥吉野地域で行われています。しかし、現在では、しだいに簡略化される傾向にあり、廃絶してしまったものも多くあります。東吉野村木津川地区では、昔ながらに板を加工して様々な山仕事の道具を作り、山の神に奉納する行事が今でも続いています。

　正月七日の早朝から、地区の男性達が高見川に面した集会所に集まり、山の神のお供えものを作っていきます。はじめに、タイやオコゼといった魚の模型が作られます。魚は形が複雑なので大変です。また、笹竹を薄く削って折り曲げ、板に描いた魚の輪郭を、糸鋸で器用に切り出していきます。折り曲げた竹筒の中へお神酒を入れて奉納します。山の神祭りでは、様々な山仕事の道具の模型が作られます。まずヨキとよばれる斧の型をとって、板から切り出していきます。この他に鋸や鎌などの道具の模型がつくられます。板から切り出した道具の模型に、墨で金属部分など細部の形を描いていきます。斧や鋸といった伝統的な山の道具に加えて、チェーン

東吉野村木津川の山の神祭

ソーなどの現代的な山の道具も作られます。刃先やエンジン、ハンドルといった細部まで丁寧に描かれていきます。また、板から切り出した魚の型にも、墨で鰭やウロコなどを描いていきます。鯛などの魚のなかでも、オコゼという魚は山の神の大好物で、全国各地の山の神祭りで必ず奉納されるもののひとつです。木製の奉納品の裏側には、金何万円と奉納金額も書き込まれます。この他の奉納品としては、タワラとよばれるワラを棒状に形作ったもので、雑魚とモチを中に挟みこんだものや、鏑と雁股の矢をつがえた二張り弓などが作られます。タワラとよばれるものは、大和高原でホウデンとよばれるものと同じもので、やはり山の神祭や秋祭りなどで奉納されます。こうして、二時間ほどかけて、奉納品がそろえられて、注連縄に吊り下げられます。五カ所で奉納されるので、五組奉納品が用意されます。

時計が九時を回った頃、それぞれの地区ごとに、奉納の品々が注連縄にかけられたまま運ばれていきます。山の神の祠の前では、木と木をつなぐように注連縄がかけられます。二張の弓は、東西方向の二カ所に安置され、さらにタワラがお供えされます。

二礼二拍手一礼で拝礼した後、参拝の皆さんで、般若心経がとなえられます。神道式の拝礼の後で、般若心経を唱えるのは、なんだか奇異な感じがしますが、明治時代はじめの神仏分離の前は、このような混淆した形式が一般的なものだったと考えられます。この点からみると、大変古い形式の祭祀といえます。

正月

ケズリカケと神酒口

お水取りダッタン松明の上堂

県南部の吉野地方を中心にして林業が盛んな奈良では、木工技術の粋をあつめた工芸品ともいえる、神仏への奉納品があります。そのひとつがケズリカケです。

ケズリカケとは、東大寺のお水取りの後半、ダッタンの行法で使用されるダッタン松明に用いられている、木を削って作られた飾りのことです。ケズリカケは、側面から見るとキノコ状、正面からみると花のような形をしています。ダッタンの行法で使用されるダッタン松明には、このケズリカケの根元のところを杭状の木に藤蔓で結びつけたものが一面に打ち込まれ、正面から見るとフキノトウの花のような姿になっています。ケズリカケは、タロの木でできており、松明に点火する際に点け木として用いられます。ダッタン松明以外にも「一徳火」の切り出しの松明や、小観音さんの出御と後入の際の松明にも使用されますが、その姿はまさに花そのものといえます。

同じような花形の木製飾りは、野迫川村の弓手原の初祈祷でも、榊の木につける豊穣を予祝する造花として使用されています。樽を作る際に使用する湾曲した刃先をもつ工具で、花弁となる細い長い切片を、途切れないように芯木から切りだすには、高度な技が必要とされます。

Column

ケズリカケと神酒口

神酒口

お水取りのケズリカケ

もうひとつの工芸品が、神酒口（みきくち）です。これは、神棚へ供える御神酒徳利の口の部分に差し込まれる飾りです。ヒノキの薄板を組紐状に、全体が火炎の形になるように組み合わせたもので、光ないしは匂いなどをあらわしていると考えられています。薄い木の板を組紐状に組むのは大変な技術です。十津川村の山の神への奉納品である「山の神のカンザシ」とよばれるものは、御幣のような形に木を削ったものと神酒口とが一体となって作られていて、まさに工芸品ともいえるものです。神酒口は下市町の特産品で、年末になると県内各地の金物屋さんや雑貨屋さんの店先で、三宝などと一緒に並んでいるのを見かけることがあります。

3 陀々堂の鬼はしり

◎五條市大津町念仏寺　正月一四日

鬼走りは念仏寺の年初の法会である修正会の最後に行われる行事で、念仏寺本堂の陀々堂に鬼が松明をもって現れる火まつりです。鬼の面に記された室町時代の文明一八（一四八六）年の年号より、中世から続く行事と推定され、国の重要無形民俗文化財に指定されています。

正月一四日の夜九時、「迎え松明」に先導されて、僧侶と鬼たちがお堂に入ります。堂内で、僧侶の読経が続くなか、鬼の先導役である火手が松明をもって登場します。お堂に向かって、左側と右側そして正面の三ヶ所で大松明を振り上げて、宙に「水」という字を書いていきます。これは、火まつりの安全を祈願する火伏せの作法といわれています。大松明は松の根のジンを芯にしたもので、高さ約一メートル、重さ六〇キロを超える大きなものです。

火伏せの作法のあと、いよいよ鬼が登場します。最初は、赤鬼面をかぶり赤い衣装をつけた父鬼です。左手で重そうに松明を掲げ、右手には斧をもっています。鬼の面は長さが五〇センチメートルもある大きなものです。「カタンカタン」という大きな乾いた

五條市陀々堂の鬼はしり

音が堂内に響きわたります。これは、「阿弥陀さんの肩たたき」といって、お堂の板壁を木の棒で叩いて、大きな音をたてて邪気を祓う作法です。堂内にはホラガイの音も響き渡っています。

次に、青鬼面をかぶり青い衣装を着た母鬼が登場します。右手にはネジ棒をもっています。鬼たちは、暴れたりせず、じっと静止して参拝者を静かに見つめます。松明の炎が御堂の屋根を焦がさんばかりに燃え立っています。最後は、赤鬼面と茶の衣装で、右手に槌をもった子鬼が登場します。鬼たちは、助役の介添えで、堂内を右まわりに三度まわりながら、同じ所作を繰り替えしていきます。最後の子鬼が堂内に消えると正面右奥の出口から、鬼たちはお堂の外に出ます。鬼の井戸と呼ばれるところで、行法が無事終わったことを告げて、松明がすべて消されます。

鬼というと、節分の追儺会の鬼を思い起こしますが、鬼走りの鬼は、大暴れしたりせずに、参拝者の前に現れて、静かに参詣の善男善女を見守ります。大暴れして追われる鬼ではない、来訪神として人々に幸いをもたらすという、もうひとつの鬼の姿がそこにはあるのです。その証として、鬼たちの手足には、「カンジョーリ」という和紙でつくったコヨリが巻きつけてあります、厄除けなどにご利益があると言われ、鬼がお堂の外に出たときに、参拝の人たちが、鬼の手足からこの「カンジョーリ」を奪い取り、各自のお守りとします。

正月

4 茅原のトンド

◎御所市茅原　吉祥草寺　正月一四日

トンドは「左義長(さぎちょう)」とも呼ばれる小正月の除災行事です。茅原のトンドは、高さ五メートルを超える大きな雌雄二基の松明に火が灯される、大和を代表する勇壮な正月の火祭りです。

正月一四日、吉祥草寺の境内に巨大な松明が立てられます。雌雄二基の大松明は近隣の茅原と玉手の二つの地区に人々によって、木材を土台にして、竹や藁、茅などで作られます。

夜七時を回ったころ、吉祥草寺に、僧侶の読経が響き渡ります。この行事は正月の法会の修正会の結願、つまり最後をしめくくる行事でもあるのです。法螺貝の音が鳴り響き、山伏に伴われて、堂内の火が移された点火用の長い松明が境内をまわります。

その後、雄の松明、ついで雌の松明の順に大松明に点火していきます。大松明からは勢いよく炎が立ち上がり、またたく間に火に包まれていきます。松明の上部に掛けられた大きな鉢巻状のケショーナワが焼け落ちていき、参詣の人々から歓声があがります。なおも松明は燃え続け、時折松明の外側の竹が破裂して大きな音をたてています。

18

御所市茅原のトンド

境内のお堂の傍らでは、参拝の方々に松明の火を移した火縄が授与されています。この火で小正月の小豆粥をつくると一年間無病息災で過ごせると言われています。火が消えないようにくるくると回す火縄の環があちこちに光ります。

大松明が轟音をたてて燃え落ちたあと、最後に二基の大松明の間で火渡りが行われます。大人も子供たちもみな「アツイ　アツイ」と言いながら松明の燃え残りの間を渡っていきます。この火渡りで厄をはらい今年一年健康に過ごすことができると信仰されています。

トンドとよばれる行事は、正月一四日の晩に、正月の飾りなどを、たきあげる火祭りとして、県内各地で行われています。多くは、集落の空き地や川原などの宗教的な施設ではない場所で行われる場合が多いのですが、吉祥草寺では、寺院の修正会に伴って行われる点と、雌雄の松明が作られ、規模が大きい点に特徴があります。

吉祥草寺の伝承では、この行事は古代から行われていたと考えられています。平成一六年の本堂の改修にともなって行われた発掘調査では、中世後期の時期に大きな火を燃やした痕跡が発掘されました。中世の時期のトンドの跡の可能性があると推測されています。

牛玉宝印・牛玉札

年初の仏教の行事である修正会や修二会では、参詣者に「牛玉宝印」と記された牛玉札とよばれる護符が授与されます。この牛玉札は、通称「ゴオーさん」などともよばれ、霊験あらたかなものとして、ふるくから庶民の信仰を集めてきました。

中世から有名なものとして、東大寺二月堂の牛玉札があります。和歌山県の熊野の牛玉札には、熊野本宮と新宮、那智大社の三種類があります。「熊野山宝印」、「那智瀧宝印」の文字が、カラスの形を集合させた独特の書体で書かれています。中世には、武士の盟約を結ぶ際の誓紙として用いられ、盟約を守ることを神仏に誓うという意味で、牛玉札の上に署名し、花押や血判が記された古文書が数多く残されています。

熊野は神社であり、お寺ではないのに、なぜ仏教の護符が授与されるのか、不思議に思われる方もいるかもしれませんが、明治時代はじめの神仏分離令とそれに続いて全国

生駒市往馬大社の牛玉札

奈良市針観音寺の牛玉札

Column

牛玉宝印・牛玉札

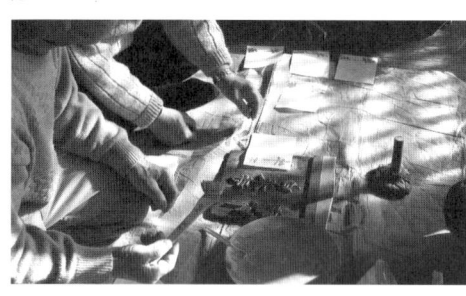

川西町下永の牛玉刷り

東大寺二月堂の牛玉札

的に起こった廃仏毀釈までは、神仏の信仰が一体となった日本独自の信仰があり、これに基づいて、牛玉札が寺院だけではなく神社でも配布されるようになったのでした。実際に、写真のように奈良県生駒市の往馬大社では神社の名が記された牛玉札が授与されています。

また、那智大社では牛玉を版木で刷り上げたあとに、板を棒で打ち鳴らして、牛玉札に霊力を吹き込む神事が行われています。この所作は寺院の修正会等でおこなわれる、乱声というお堂の床を棒で叩く所作と類似しています。必要以上に刷らないようにと僧の氏名を記した文書が古くから伝わっており、刷る際の様々な作法とともにお水取りの長い歴史を今に伝えています。

二月堂の牛玉札には、墨と朱に漢方薬の牛黄の粉末が混ぜ合わせてあり、独特の襖紙に刷られています。古くから牛玉札の文字の部分を香水に溶かして飲むことが行われていました。牛玉札に記された疫病を除くための独特な作法が伝えられてきたのです。牛玉札の名前の由来がまさにそこにあるといえます。

古くから、牛は農家の宝ものとして大切にされてきました。また、祇園精舎を守護する牛頭天王の信仰や、牛神としての大威徳明王の信仰など、農業に関わる人々は篤く牛を信仰してきたのです。

5 篠原おどり

◎五條市大塔区篠原　正月二五日

篠原おどりは、毎年一月二五日の地区天満神社の例祭で、村内繁盛と豊作を祈願して奉納される踊りです。篠原おどりは近世初めに流行した風流踊りの一種の小歌踊が伝承された貴重なものです。

一月二五日の午後二時、篠原おどりは「梅の古木踊り」から始まります。天神社で奉納されるのはこの曲を含めた三曲に限定され、踊三番とよばれています。神社以外の場所で、これらの曲が演じられることはありません。正面に見える神社に向かって、前列が音頭とりと太鼓打ちの三人の男性、後列が踊り子の女性たちです。天満神社は集落を見下ろす丘陵の先端にあるため、踊る場所はあまり広くはありません。

次は、「宝踊り」です。踊り子の女性たちは、手にした扇をひらきます。ひらひらと扇が舞う大変美しい踊りです。篠原おどりをはじめとして、十津川の大踊、五條市大塔区の阪本踊りなどと同じ系統の風流踊りです。奥吉野地方の踊りは、扇を使うことに特徴があるといえます。

踊三番の最後は、「世の中踊」です。先の「宝踊り」と同じように扇を開いて踊りま

22

篠原おどり

歌の意味は「去年よりも今年はもっと豊年満作で」、つまり「世の中」とは作物が豊作であるという意味です。「あちこちに蔵がたつ」といった年の初めに奉納するのにふさわしい目出度い歌です。音頭取りの方は、太鼓をうちながら音頭をとるので大変です。昔は別に音頭をとる方がいました。見守る人たちの拍手ののち、一同拝礼して篠原踊りは終了します。

篠原おどりには、天満神社に奉納される踊三番のほかに、首から太鼓をさげて打つ「入波踊」や、座って足を伸ばした上に太鼓をのせて綾取りの所作をする「綾取り踊」など全部で三六曲ほどの踊りが伝承されています。

篠原おどりは、江戸時代のはじめに狼退治のお礼として氏神に奉納してはじまったという言い伝えがあります。篠原は、高野山や五條と紀伊半島の中心部を結ぶ交通路の終点として、かつては大変賑わっていました。また、踊りや狂言などの芸能も盛んな土地柄なのです。

現在、隣の惣谷地区では狂言の方が伝承されています。篠原も惣谷も一山村ですが、まさに上方の文化の伝播の終点でもあったのです。両地区の人たちは保存会を組織して、貴重な篠原おどりと惣谷狂言の継承に努めています。

6 江包・大西御綱祭り

◎桜井市江包、大西　二月十一日

御綱祭りは、大和川をはさんで隣あう桜井市江包地区と大西地区で、雌雄の綱をそれぞれ作り、中間地点の素盞嗚神社で二つの綱を結婚、つまり結合させる行事です。本来は疫神よけなどの意味がある綱掛け行事に、子孫繁栄や五穀豊穣の意味が加わった大和を代表する奇祭といえます。

祭礼当日の午前九時頃、江包地区では、前日に完成した雄の綱を男性たちが担ぎ出します。円錐形の頭の部分は直径二メートル、長さ五メートル以上、重さ七百キロとも称される巨大なものです。地区の東端で綱を地面に打ち下ろします。そして、囃子詞をとなえながら手締めをします。その後一行は、再び綱を担いで地区の中心の春日神社に向かいます。春日神社でも同じ所作を繰り返します。地面に打ち付けるのは、形を整えるためともいわれています。この所作は、地区を練り歩く途中で、家の新築や婚礼などの祝い事のあった家の前でも行われます。神社での休憩の後、担ぎ手の男性が次から次へ、綱に巻かれて押しつぶされています。綱掛け行事では、このような綱への巻き込みなどの所作がよくみられます。

桜井市江包・大西御綱祭り

　午前十時頃、再び綱を担いで春日神社を出発します。狭い路地を綱が進んでいきます。路地を抜けたところで、綱は田んぼに運びこまれます。そこでは、水を撒いて田を耕し泥相撲の土俵が準備されます。この後担ぎ手の男性たちによって、延々と激しい泥相撲が繰りひろげられます。行司まで巻き込んで全身泥まみれになります。

　同じ頃、綱掛けの場所となる素盞嗚神社に、神主を先頭に大西地区の雌の綱が担がれてきます。綱の嫁入りです。早速、神社前の木に尾をかけて、花婿を迎え入れる準備に取り掛かります。大西地区でも泥相撲が行われるため、担ぎ手の人たちは皆泥だらけです。大西地区から紋付姿の仲人役の方が江包地区へ呼び出しに行きます。しかし、江包地区では泥相撲に夢中で、一向に動く気配がありません。泥まみれになるほど豊作になるといわれ、また禊の意味もあると考えられています。仲人役の方が七度半迎えに来た昼前頃、やっと雄綱が出発します。紋付姿の仲人役の方と江包地区の代表の方に先導されて、雄綱は素盞嗚神社に向かいます。そこで、雌雄の綱は固く結ばれ、綱の尾は大和川をまたぐように長く掛け渡されます。最後に関係者一同の手締めで、御綱祭りは終了となります。

　奈良県内には、年初に行われる綱掛け行事があちこちにありますが、隣り合った地区で雌雄の綱をつくり結合させるという綱掛けは珍しい事例といえます。

正月

7 国栖奏

◎吉野町南国栖　浄見原神社　旧暦正月一四日

国栖奏（翁の舞）

　国栖奏は、新春に翁の舞を奏上して、祭神である天武天皇の御神霊をなぐさめ、さらに地域の人々の安寧を祈願する行事です。もともと宮中儀礼でも奏上された大変由緒のあるものです。天武天皇をおまつりした社殿は、拝殿奥の石段の上に鎮座しています。次に、舞翁二名、笛翁二名、鼓翁一名、謡翁五名が着座して、国栖の人々が古くから皇室に山の幸を献じていたことを意味する古歌の一歌が詠まれていきます。次に二歌が詠まれ、笛の合図で翁舞が始まります。続いて、三歌が詠まれ、鈴を振りながら舞います。エンエーとは、安寧を祈願する言葉で、延栄などの字があてられます。翁の舞は正月から一二月まで月ごとに人々の安寧を祈願していきます。翁の舞が終了すると、最後に日本書紀にも記された次の四歌が詠まれます。

舞翁は、桐竹鳳凰文の狩衣をつけて、榊と鈴を手にとって、「正月エンエー」という台詞に合わせて、鈴を振りながら舞います。

国栖奏（笑の古風）

「橿の生に　横臼（よくす）をつくり　横臼に　醸める大御酒（かめるおおみき）　美味（うまら）に　聞こしもちおせ　まろかち　まろかち」

最後の「まろかち」の部分で、「書紀」の記述にあわせて、翁は大きく上体をそらせて、手を口元にかざす所作をします。これは古の笑いの作法と言われています。翁の舞がおわると、地区の人々の名前などが、鼓に合わせて順に読み上げられる「おじゅんらく」になります。

最後に舞翁が前に歩出て、参拝の人々を鈴でお祓いします。この後、玉串奉奠と宮司のお話で、国栖奏は終了となります。

国栖奏で献じられるお供えの神饌には、古歌にも詠まれた赤腹の魚としてウグイや、モミとよばれる生きた赤蛙など、大変珍しいものがあります。この赤蛙の「モミ」は、関西地方で美味ではないことを「モミなし」や「モムない」などと言う様に、「モミ」すなわち美味という意味の言葉の語源と言われています。また、神饌以外にも壬申の乱の故実にのっとり、樫の実の粉でつくられた「カシノミ団子」も用意されます。古の山の食文化が伝承された大変珍しいものといえます。

国栖奏は儀礼の進行において、要所要所で国栖の古い歴史を物語る古歌が詠まれ、そ れにあわせて、次の所作が展開するという大変みやびな祭礼です。

春 ──稲の健やかな成長を神仏へ祈願

1 オンダ祭（御田植祭）

春先の農作業の開始前に行われる重要な祭礼です。オンダ祭では、牛役や田主役が登場して砂の田んぼを耕したり、模擬的な農作業が演じられるという特徴があります。このような五穀豊穣を祈念して水田で田植えをしたり、模擬的な農作業が演じられるという特徴があります。このような五穀豊穣を祈念して水田および水田を模倣した場所で行なわれる祭礼には、催行時期と構成が異なる二種類があります。ひとつは、年初に豊作を祈念して一年の農作業を模倣して演じる「田遊び」と称されるものです。もうひとつは五月ないしは六月の田植えの時期に、田植え歌を歌ったり花傘をかぶり美しく着飾って、実際に田植えを行なう田植神事と称されるものです。一方、摂津の代表的な行事として有名な住吉神社の御田植祭や、奈良県内のオンダ祭はすべて田遊びに相当します。の御田植祭、山陽地方の花田植えなどは、すべて後者の田植神事に相当します。

28

民俗芸能の研究者の新井恒易氏は全国の田遊びを集成的に研究した大著のなかで、近畿地方の田遊びを五七事例集成しています。そこでは特に奈良県に田遊びが集中しているのが注目され、全体の半数にあたる二七事例が報告されています。このような奈良県の集中的な分布に対して、大阪府では、摂津の代表的な田遊びである平野の杭全(くまた)神社と住吉大社の御田植祭神事の二事例のみしか伝承されていません。この極端な分布の偏りからもわかるように、奈良県には稲作に関する祭礼が数多く伝承されているといえます。その理由として、奈良盆地が近世から近畿地方の穀倉地帯であったためと考えられます。まさに、オンダ祭は奈良を代表する祭礼といえるのです。一方、奈良県内に分布する御田植祭が、すべて田遊びである点も注目されます。後ほど、その理由を歴史民俗学的視座から考察してみたいと思います。

2　オンダ祭の諸様相

まず、オンダ祭とはどのようなものであるのか、その祭礼の特色についてみてみましょう。

現在春先の時期に奈良県内各地で行われる御田植祭は、藤本愛氏の最新の研究成果をもとに分類すると総数で六〇例ほどあることがわかっています。これらのオンダ祭について、大宮守人氏の研究成果による以下の三様相がみとめられます。ひとつめは、農作業を模倣する所作に台詞がともなう能楽のような形式、次は、農作業を模倣する所作に、牛役が大暴れをしたり、参拝者が稲苗の模造品や撒かれた餅などがパントマイムのように無言劇として行われ、最後は、農作業を模倣する所作に続いて、子作りや出産などの五穀豊穣だけでな

葛城市加守町の葛木倭文坐天羽雷命神社オンダ祭（牛の子産み）

　第一の、能楽のような形式で農作業を模倣する所作が繰り広げられるオンダ祭です。これは、祭司である田男あるいは田主は能面をつけて演じるのが特徴を示しています。また、お祝いの祈祷師（祝祷）としての聖性をもつ翁が年初に豊作を祈願するという、予祝儀礼としてのオンダ祭の性格をはっきりく子孫繁栄の意味が強調された独特の所作が伴う形式です。

究から、この形式のオンダ祭の成立時期は江戸時代あるいはそれよりも古く遡る可能性があると考えられます。この形式のオンダ祭として、本書では、手向山八幡宮の御田植祭と平尾のオンダの二つを取り上げて解説しています。

　次に二番目の形式は、奈良県内の大部分の事例が該当する最もポピュラーな形式です。特に、奈良盆地南部のオンダ祭では牛役が参拝の人々の間に分け入って大暴れしたり、撒かれた餅をとりあったり、あるいは田圃に見立てて境内に区画された砂場の砂をかけ合ったりする激しいオンダ祭が多いのが特徴です。参拝の人々は、牛も人も暴れれば暴れるほど、その年が豊作になると口々に言います。

　最後の形式は奈良県内には二事例ありますが、奈良のオンダ祭特有のもので他にあまり例をみない珍しいも

30

春

稲の健やかな成長を神仏へ祈願

のです。本書では川西町保田の六県神社の御田植祭をとりあげました。もう一方の事例は、みうらじゅん氏の日本各地の珍しい祭を紹介する著作のなかでも取り上げられた明日香村の飛鳥坐神社のオンダ祭は、農耕を模倣する所作のあとに、おたふくと天狗の結婚式があり、衆人環視のなかで子作りに及ぶという奇祭です。ことに及んだあとで、おたふくの股間を拭いた「拭くの紙」とよばれる子宝祈願の懐紙を求めて、遠方からも多くの参拝者が訪れるという、豊作祈願とは別の意味が付加された特別な様相をもつオンダ祭といえます。

一方、第三の形式のオンダ祭に類似するものとして、田男役の翁に対するもう一つの主役である「オナリ」とよばれる女性が登場するオンダ祭が、登場人物の多い古式のオンダ祭として注目されます。オナリとは、本来食事を用意することや食事を用意する人を意味します。宇陀市大宇陀区の野依のオンダや先述の六県神社の御田植祭では、嫗面をつけたオバアサンや孕婦（妊婦）などの姿で、肩や頭に農作業の際の食事である間炊（けんずい）がはいった桶を載せて登場します。また、奈良のオンダ祭では、明確な形では存在しませんが、大阪府平野区の杭全神社の御田植神事や東京都板橋区徳丸北野神社の田遊びや赤塚諏訪神社の田遊びで、子供の人形まで登場します。奈良県内では一例だけ宇陀市大宇陀区の平尾のオンダで登場する「若宮さん」とよばれる人形が、この範疇に含まれる可能性があります。

農作業の真似事を無言劇として演じるものが、オンダ祭の最もポピュラーな形式であることは先述のとおりですが、その農作業の様子は次のような構成になっています。もともと米作りの過程は苗を育てる苗代を作る部分と田植えを行う本田の耕作に分かれていますが、大部分のオンダ祭では、進行上両者が一体化してい

葛城市疋田 調田坐一事尼古神社のオンダ祭（牛のアバレ）

す。それらは、神社の拝殿や境内の一角に砂を敷いて作った模擬田の上で行われます。この模擬田があるときは苗代に、またあるときは本田として重複して利用されます。この模擬田で、農作業の所作は、鍬による田起こしから始まり、牛の面をつけた牛役が登場して、唐犂で田の土を起こし、さらに櫛のような形の馬鍬へ取り替えて、起こした土を細かく砕いていくという実際の農作業とかわらない所作を順に繰り広げていきます。

これらの基本的な農作業に加えて、畦に豆を植えたりと、実際の田んぼのように細々と農作業の所作を行います。田男役はときおり腰に手をちりばめながら、田に肥料を入れる施肥へと続くコミカルな小技を随所にちりばめながら、田に肥料を入れる施肥へと続くコミカルな小技を随所にちりばめながら、参拝者の笑いを誘うコミカルな小技を随所にちりばめながら、参拝者と牛役がもみくちゃになって暴れる「アバレ」の所作が必ず伴います。牛を使う牛耕の際は、参拝者と牛役がもみくちゃになって暴れる「アバレ」の所作が必ず伴います。

この他に、「タニシ拾い」や「鳥追い」など現在の農作業では見られなくなった所作がともなう古式のオンダ祭もあります。

このように、現在の機械化・集約化された米作りではほとんどみることができなくなった苗代作りの作業が昔のままの状態で再現されていきます。また、苗代を平らにならすエブリの所作なども念入りに行われ、苗代に水を引き込む際には、田に入る水を清める水口（水戸）祭が行われます。

春
稲の健やかな成長を神仏へ祈願

3 オンダ祭の歴史

ます。次いで、準備が整った苗代に籾種を撒く所作が行われます。籾種蒔きは、福の種を播くことと同一視され、五穀豊穣を祈願するオンダ祭において最も重要な部分です。春とはいってもまだ寒い季節に行われる祭礼であるため、本物の稲苗が用いられことはなく、多くの場合、松や杉、または椿、檜やウツギ（空木）の小枝の一端を藁でしばった形の模造の苗が使用されます。予め豊作をお祝いするという祭礼の機能から、収穫の場面は必要ないのかもしれませんが、吉野町の吉野水分神社のオンダ祭だけは、田主が腰に鎌をさして、今が収穫の時であることを告げる場面があります。

オンダ祭は基本的に田植えで農業を模倣する所作が終了するのが一般的です。

一般に民間で伝承されている祭礼などの無形の文化財は、古老などの聞き取りなどからその歴史を探るしかない場合が多いといえます。しかし、奈良の祭礼は、歴史を大事にする土地柄から、地域のお祭りに関する道具類や絵画や古文書などの史料が数多くのこされています。オンダ祭がいつ頃から行われていたのかは、このような資料から歴史を遡っていくことが可能です。

オンダ祭では、農耕を模倣する所作がありますが、この時使われる農具は、実物の農具ではなくやや小ぶりな木製のもので、鉄の刃がつく鍬先などは、木を墨で黒く塗った模造品です。これらの祭具には、神社に奉納した時の年号が記されているものがみられます。一例として、大和郡山市の植槻八幡神社で、現在もオン

平城八幡宮御田植神事之図（手向山八幡宮所蔵）

ダ祭で実際に使われている鍬には、江戸時代後期の天保十年の記年銘があります。江戸時代の民具や祭具は奈良の地ではしばしば見受けられ、珍しいとは言えませんが、他の土地では、文化財に指定されてもおかしくないような一〇〇年以上前の古い道具が、全く普段使いで現在でも使用されているのには驚くばかりです。私が調査の中で見た最も古い祭礼道具は、宇陀市の平尾のオンダで使用されている小机で、裏板に延寶四（一六七六）年と墨書きされていました。ざっと今から約三百年余り前のものです。

道具の年号の他に、古い時代のオンダ祭はさまざまな史料にも残されています。特に、明治初年の神仏分離令以前の神社祭礼の様子をうかがうことのできる資料としては、奈良市の手向山八幡宮に伝わる江戸時代後期の文政元（一八一八）年の「平城八幡宮御田植神事之図」という絵巻が重要です。写真に示した絵巻には、田主に扮した翁面をつけた男性が、種籾を神社の拝殿でまく種まきの場面が描かれています。傍らには牛の面をつけた牛童と目される少年がえがかれ、拝殿の前面には、現在のオンダ祭でも使用されるものと同様の鍬や肥桶などの祭具が描かれています。

現在と異なる点といえば、拝殿にずらりと並んだ八乙女とよばれる巫女が明治時代以降若宮社の廃絶によって失われてしまったことです。拝殿前面に小机

34

春

稲の健やかな成長を神仏へ祈願

があり神楽鈴が乗せられていますので、現在の行われているような子供の田植えの所作は当時はなく、巫女が神楽を奉納したものと推定されます。現在使用されている種籾をいれる福種桶の底には、江戸時代後期の文政二年の銘があり、文政元年の記年がある絵巻とほぼ同時期のものです。江戸時代のオンダ祭の様子を具体的に伝える歴史資料として貴重なものといえます。

このように、江戸時代のオンダ祭は、能楽様のものであったことがわかりますが、室町時代中頃の吉野山の様子を伝える史料で応永二〇（一四一三）年頃の「当山年中行事条々」によると、吉野山の上社と下社における「田殖（たうえ）」の祭礼に、能楽の大夫が出仕していることが明らかにされており、このようなオンダの形式が中世まで遡る可能性があります。「田殖」とされる祭礼がどのようなものであったのかは、史料には詳細は記されていないので内容についてわからない部分が多いのですが、「田殖の儀」とされる言葉は、さらに古い時期の史料についても散見されます。奈良の祭礼に関する特に古い史料としてしばしば取り上げられるのが、春日大社の御田植神事に関するものです。続く鎌倉時代はじめの神職の日記に次のような記述があります。寛元四（一二四六）年正月一八日「今日可有田殖之儀、行幸之還御西刻之間、入夜田殖不吉之旨、巫女等申之、延引可為晦日之由」（『中臣祐定記』『春日社記録二』）。短い記事ですが、正月の一八日は、御田殖の儀礼を行う日だったのに、後嵯峨天皇の春日行幸の還御が遅れてしまい、午後六時頃になってしまった。夜になってから御田殖の儀礼を行うのは不吉であると巫女が言うので、月末に延期した、という内容のものです。御田殖の儀礼の詳細な内容は史料の記述からは全くわかりませんが、正月の儀礼であることから、実際に農作業を行うというよりは、模擬

35

的なものと推定されます。おそらく、奈良時代に唐の「籍田」の儀礼を導入して始まった、年初に農作業の真似事をする宮中儀礼の系譜をひくものと推察されます。また、夜に行うことは不吉であるという点から、予祝的な性格をもつ行事であったものと解釈されます。

すなわち、オンダ祭は、中世前期の「御田殖」、さらに遡って奈良時代の宮中儀礼にその起源をたどることができるものと考えられます。その後の中世後期に、大和に成立した様々な芸能、とくに猿楽などの影響をうけて変容していったものと考えられます。新井恒易氏が指摘するように、専業の芸能集団による各地の寺院の法会の延年での奉納などで、芸態が確立して各地へ伝播していったものと考えられます。この点からみると、能楽形式のオンダ祭の台詞が、摂津や山城、大和と酷似したものが伝承されていることも肯首できるといえます。

一方、オンダ祭は現在は神社のみで行われていますが、もともとは神仏習合した祭礼で、神社だけでなく寺院も関わる祭礼と考えられます。とくに、能楽などの専業的な芸能集団が関わる祭礼の場は、むしろ寺院の延年などの行事が多かったものと考えられます。奈良のオンダ祭りのなかにも、いくつか初祈祷やケイチンなどの地域の寺院の年初の法会との関連性が窺える要素があります。初祈祷を構成する要素の一つである弓打ち行事と一連のものとして田遊びが行われる。奈良市押熊町と中山町の八幡神社や、桜井市小夫の天神社のオンダ祭が注目されます。さらに、模造苗の椿の枝に牛玉札を結んで授与する六県神社の御田植祭、模造苗に樒の枝を使う平尾のオンダなどは、明治初年の神仏分離令以前の御田植祭の様相をある程度まで反映しているものといえます。つまり、近代以前には、寺院の修正会に相当する初祈祷において田遊び形式の御田植祭が行われて

春

稲の健やかな成長を神仏へ祈願

いて、先述のいくつかの事例は旧儀を今日に伝えている可能性が高いものと判断されるのです。

以上の点から、大和における御田植祭が、年初の予祝儀礼としての田遊びが中心となる理由が明らかになります。それは、大和のオンダ祭が、神仏習合の様相をもつ地方寺院の正月行事である初祈祷に伴う予祝芸能としての性格を強く有しているからなのです。

8 平尾のオンダ

◎宇陀市大宇陀区平尾　水分神社　正月一八日

平尾のオンダ（鳥追い）

宇陀市大宇陀区平尾の水分神社、一般的にはミクマリと読みますが、ここではスイブンとよばれています。水分神社のオンダ祭は、江戸時代から続く年初の豊作祈願の行事です。

正月一八日の午後七時半頃、水分神社本殿下の仮設の舞台の上で、オンダ祭は祭礼の当番のひとりである大当の格調高い口上で幕を開けます。まずはじめは模造の鍬を高く振り上げ苗代の田起こしをはじめます。土を掘り起こしたら古酒の香りが立ち上がったという意味の米作りを寿ぐ詞が謡われます。そして、次は牛をつかったカキゾメ、つまり土を細かく砕く所作が行われます。奈良県内のオンダ祭では、この時必ず牛の面をつけた牛役が登場しますが、水分神社だけは牛役抜きでこの所作が行われます。苗代田が整った後、いよいよ苗代の角打ちすなわち苗代田の角をつくる所作になります。苗代に水が入ると水口で、水口祭りが行われ、再び格調高い台詞が読み上げられます。この後、苗代に続いて「春田打」の所作になります。これは田植えをする本田の方の田起こしの所作に移ります。実際と同じように農作業の所作が順に繰り

38

平尾のオンダ（田植え）

広げられて行きますが、特に珍しいのは、現在の農作業では全く見られなくなった「鳥追い」の所作です。鍬を横に倒し、閉じた扇を使って独特の所作と台詞で鳥追いをします。最後に鳥が追われて飛んでいく様を、まわりの人たちが「カアカア」と鳴き声をあげて演じています。

次に、後ろに控えていた子供たちが登場します。この男の子たちは田植えをする早乙女（ショトメ）役です。手に手に、模造の稲苗と傘を持っています。この模造の稲苗は、カヤの軸に樒の葉をつけたもので大変珍しいものです。普通は松の葉を使いますが、樒を使用するので、仏教儀礼との関連がうかがえます。最初は右廻りまわりで苗取りを、その後左廻りに転じて田植えの所作を演じていきます。

この後、いよいよ祭礼のもう一人の主役である「若宮さん」の登場です。「若宮さん」の人形は、祭礼の当番である小当番に抱かれて、田植えの際の間食を入れた桶を担いだ「ケンズイ持ち」に付き添われてやってきます。若宮さんは藁を芯にして布を着せた人形です。顔には黒い翁面をつけて、体中にびっしりとコヨリが巻きつけてあります。村の人たちが体の具合の悪い部位のコヨリを「若宮さん」からもらいうけ、そこにしばらく着けておき、お守りにします。

村人にコヨリを授けて若宮さんが帰られた後、再び早乙女役の子供たちが登場します。今度は廻りながら「追い苗とり」をします。各地の桜の名所を高らかに歌い上げ

春

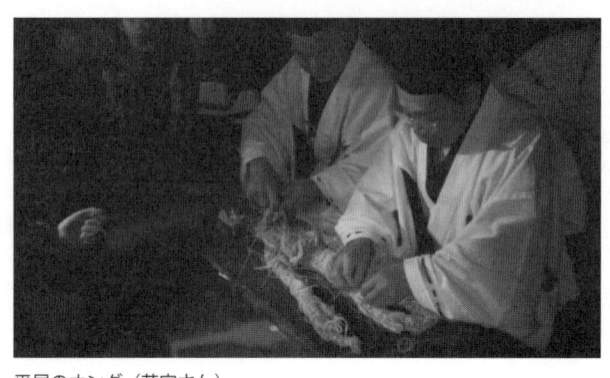

平尾のオンダ（若宮さん）

　て、オンダ祭りは終了します。

　平尾の水分神社のオンダ祭は、台詞の内容や構成上の特徴が奈良市の手向山八幡宮をはじめとする奈良県内のオンダ祭と類似している点が注目されます。地元に伝わる台本などから江戸時代後期には、今とかわらない形式で行われていたことが推測されます。一方、夜に行われるオンダ祭である点、牛役がいない点、苗代田と本田の耕作の所作が分かれている点、鳥追いなどの所作がある点など、他の奈良県内のオンダ祭とは一線を画す古式の特徴を持っています。これらの特徴の幾つかは、東京都板橋区徳丸の田遊び等の遠隔地のオンダ祭と類似する点もあります。オンダ祭の成立や伝播を研究する上で、重要な事例といえます。さらに、オンダ祭の後半で登場する「若宮さん」の存在も特筆されます。これは大阪の平野の杭全神社の御田植祭の子供の人形等のオンダ祭との類似点が伺えます。オンダ祭に登場する赤ん坊の人形について、民俗学者の野本寛一氏は、その年の新しい稲の神を象徴する存在と解釈しています。また、体に結び付けた「コヨリ」を、病気治しのお守りとして授与する点は、五條市念仏寺の陀々堂はしりの鬼の鬼が体に巻いている「カンジョーリ」というコヨリにも類似しています。これらのことを考えあわせると、春に村を訪れて厄除けなどをしてくれる来訪神という一面もあるように思われます。だからこそ、祝いの祈祷師である翁の面をつけているのでしょう。

9 手向山八幡宮の御田植祭

◎奈良市雑司町　手向山八幡宮　二月三日

手向山八幡宮の御田植祭（田主と牛童）

奈良市雑司町の東大寺の手向山八幡宮では、毎年二月三日の節分の日に、御田植祭が行われます。御田植祭（オンダ祭）は、能楽のような形式で、格調高く農作業の所作を演じるものです。神社には、江戸時代後期の御田植祭の様子を描いた絵巻が伝わり、現在もほとんど変わることなく祭礼が続いていることがわかります。

午前一一時、御田植祭は参列者が境内を一周する「御渡り」からはじまります。二本の笹竹に先導されて、翁面をつけた田主や牛の面をつけた牛童、早乙女役の少女たちが境内をまわり、最後に神事が行われる神社の拝殿に向かいます。神事は社殿下の水口祭から始まります。拝殿を苗代田に社殿までの細い通路を苗代へ水路にみたて、ちょうど苗代の入り口の水口にあたる位置でおこなわれます。両側の松の枝が立てられてところに、お札を立て、籾種と切り餅と大豆を並べ、ヒョウシないしはチャンポンとよばれる鳴り物と鼓を打って清めます。続いて、田主は拝殿に登壇し、お日柄がよいのでこれから鍬初めをするという意味の口上をのべ、苗代田を耕す所作が行われます。「打ちでの小槌」と目出度いことばを発しながら鍬を打ち下ろして土を起こす所作をして、耕した

春　——　41

手向山八幡宮の御田植祭（早乙女の田植え）

土から「古酒の香りがパットとした」と米作りを寿ぐ言葉でしめくくります。次に牛のお面を頭に付けた少年、牛童が登場します。田主は牛役に唐犂を結びつけ、牛に牽かせて田を耕す牛耕の所作をしながら拝殿を周ります。ところどころで、牛童は、「モー」と牛の鳴きまねをします。続いて、肥桶を模して葉を巻きつけた籠を担いでまわる、施肥の所作、大きな柄のついた棒で、苗代を平らにならすエブリの所作等が順次行われていきます。そして、苗代田の種撒きの所作になります。田主が手にする桶には、豊作や福を呼ぶ籾種が入っていて、「福種桶（ふくだねおけ）」と呼ばれています。福種桶には、和紙でできた人形が飾られています。また、桶の底には文政二年の記年銘と当時の神主の名前などが記されています。田主は、拝殿を苗代にみたてて、籾種を撒いていきます。種撒きのあとは、早苗の生長を見守る所作に移り、田主は鋤を担い田の見回りをしながら、稲の苗が燕の口状になった等と言いながら、苗の成長を確認していきます。そして、いよいよ田植えになります。田主の、四方から大人数の早乙女を招きいれる口上で、田植えの開始が告げられます。早乙女役の少女たちは、拝殿の小机の上に、稲苗にみたてた松葉で作った模造の稲苗を順に供えていきます。早乙女たちの田植えが済むと、田主は扇をとりだし、能楽調の格調高い口上をよみあげて、御田植祭をしめくくります。

奈良県内の御田植祭は、年の初めに豊作を祈願して、米作りの作業を、実際の農作業を再現するように忠実に模倣して行われます。手向山八幡宮の御田植祭はその代表格と

もいえるものです。

江戸時代後期の絵図と比較すると、現在も当時とかわらずに行われていますが、いくつかの変更点も見受けられます。特に、籾種撒きの所作を表した場面では、田主や牛童の他に、拝殿の前面に八人の巫女、八乙女が描かれています。また、拝殿の子机の上には神楽鈴が置かれています。江戸時代には、巫女の田舞いの神楽が奉納されていたものと推察されます。絵図の後半には、御田植祭の台詞が書かれています。現在もこの台詞のとおりに御田植祭が進行します。この台詞は、吉野町の吉野水分神社や大阪平野の杭全神社の御田植祭の台詞と類似しています。特に、吉野水分神社のものとは全く同じといってよいのですが、手向山八幡宮と比較すると台詞の掛け合いの対応関係がずれている部分があるため、吉野水分神社の御田植祭の台詞の方が新しい時期のものと考えられます。

このように大和と摂津の御田植祭の台詞には、類似する部分があることが注目されます。もともと共通の台本が存在した、あるいは特定の芸能集団が相互に関わった可能性などが想定され、御田植祭の芸能としての歴史を考える上で貴重な資料といえます。

水口祭

五月の大型連休の前後が奈良盆地の苗代作りの時期です。この田植え前の時期に苗代田で行われる儀礼として重要なものが、「水口祭」とよばれるものです。水口祭は、稲の苗を育てる苗代のなかに、水路を通じて稲に害悪をもたらす疫神が入り込まないよう、水の取り入れ口の水戸、場合によっては水の出口を結界する役割があります。

水口祭は、水戸となる畦の切れ目の両側に、オンダ祭などで配布される松の枝でできた模造の苗を門松のように立て、さらに、年初の仏教儀礼である初祈祷で配布される厄除けのお札である牛玉札を、木の枝で挟んで立てます。そして、同じくオンダ祭で配布された籾種が撒かれ、最後に色あざやかな色花やキリコ（餅を細かく切って炒ったもの）などが供えられます。しかし、現在、このようなすべてのお供えが揃った例は少なく、多くの場合は松の模造苗や色花のみが、苗代に供えられています。

奈良市都祁馬場町の水口祭

桜井市小夫の水口祭

Column

水口祭

川西町下永（唐招提寺の宝扇）

桜井市箸中の水口祭

それぞれの供えものには意味があり、松の枝で作られた模造の苗のまっすぐに伸びた松の葉は、稲の早苗を象徴しています。また、杉の枝の模造苗が供えられる場合には、杉には実がつくことから、豊作を象徴するものとされています。模造苗は多くの場合松で作られますが、杉や、椿、空木などが使用されることもあり、田の虫よけのためと考えられているところもあります。水口祭に、松の模造苗を使う記述は、古くは江戸時代の史料にもみられます。

もうひとつの主役となる牛玉札は、様々な種類の木に挟まれて、水口に立てられます。年初の仏教の法会初祈祷の際に、乱声というお堂の床を叩いて大きな音をたてる所作で使用された、柳や藤あるいは漆の木の棒が利用される例もあります。また、神社で配布された厄除けのお札や、天理市藤井町のように、年初の除災行事で鬼の当に射られた矢が苗代に立てられるところもあります。最後の花も、彩りの鮮やかな色花がよくみられます。春先に山野に咲く色鮮やかな花は、古くから田の神の依り代と解釈されていますが、キリコなどと一緒に供えられることから豊作を予祝するかざりつけである荘厳のひとつともいえます。

このように、水口祭は長い歴史をもつ、農家の人たちによる稲の健やかな成長を祈る素朴な行事です。しかし現在は、苗代を作らずに稲苗を一括購入することが多くなり、水口祭はだんだん行われなくなってきています。

10 六県神社の御田植祭

◎川西町保田　六県神社　二月一一日

六県神社の御田植祭（孕婦の弁当運び）

　川西町保田の六県神社の御田植祭は、別名子オンダや子出来祭とも言われ、豊作を祈願して行われる御田植祭に子孫繁栄を意味する子供が産まれる所作が付加された奇祭です。稲の穂がはらむことと子はらみをかけた大和のオンダ祭りの最高傑作といえます。

　午後七時、御田植祭は、神主のお祓いと祝詞の奏上から始まります。次に、「ソネッタン」とよばれる巫女の「剣の舞」で、村内の安全を祈祷してもらいます。ソネッタンは里の巫女のことで、各地の神社の祭礼で、御湯立や神楽等をおこなっています。

　この後、農作業を模倣するこっけいなオンダ祭の所作が始まります。農夫がもつ鍬の先がすぐ外れてしまい、子供がそれを取り合いふざけているようですが、これは水見回りの所作なのです。コントのような掛け合いで楽しく進行します。

　次は牛耕の所作です。一般的なオンダ祭では、牛の面をつけて行いますが、ここでは面はつけずに、牛役と牛使いの男性が二人一組になって行われます。牛役のお尻をたたくと指で角を立てるしぐさをして「モー」と鳴き声をあげます。牛使い役が前方で、進行役の「ボチボチやで」の合図で、子供たちが、「ワッ」と歓声をあげて牛役の

46

六県神社の御田植祭（安産の神事）

大人たちに飛びかかります。農耕の所作では、何度もこの大暴れが繰り返され、その度ごとに子供と大人の立場が逆転します。

続いて、田植えの所作です。松の葉を稲苗にみたてて使用することが多いのですが、このオンダ祭りでは、椿の葉が稲苗の模造品として使われています。このオンダ祭りも農耕を模倣する所作の構成からみると古式の祭礼といえます。現在の農作業ではみられなくなった独自の所作があります。それが、「タニシ拾い」です。手ぬぐいで頭を覆った男性が、太鼓を叩きながら、拝殿をまわります。太鼓を叩くことで、稲に害を与えるタニシを拾う所作を表現しています。奈良県内のオンダ祭では、他に例をみない珍しいものです。

こうして祭はクライマックスの安産の神事「子出来」の場面を迎えます。白無垢をまとい、太鼓をお腹に入れた男性が、孕婦（妊婦）役で登場します。先ず、神主役に田圃で田植えをしているところへ、弁当を持っていくように頼まれて出かけます。頭にのせた桶には、弁当を表すお米がひとつかみ入っています。拝殿を一周して戻って来た妊婦は、神主役の問いに対して、東西南北の田にそれぞれ十杯ずつ弁当を持っていったと答えます。今度は、何故か神主から台所回りについて、何がどこにあるのか尋ねられます。最後の問いの「オセンソコ」とはご飯のことを意味し、「お櫃の中に」と答えます。そうしているうちに、「きりきりとお腹が痛くなりました。うー」と妊婦は産気づいて

六県神社の御田植祭（種蒔き神事）

しまいます。場内は笑い声に包まれます。ゆっくりと懐にいれていた太鼓を取りだし、神主役の前に放り出します。すかさず、神主はその太鼓を取り上げて、「ボンボン　出来た」と繰り返し、子供が産まれたことをお祝いします。

オンダ祭りの最後は、肩ぬぎの農夫が登場し、種まき歌を格調高く歌いながら、拝殿にお米を撒き散らして種撒きの所作をします。豊年満作になるようにこの福の種をこの場所にまきましょうと言って祭りを締めくくります。

最後の種撒き歌は、各地の地名とその土地の長者の名前を順にあげていくものですが、地名や台詞が、大阪の平野の杭全神社のものや、京都市木津川町の相良中神社の御田植祭の台詞と非常に類似しています。同一の謡本が存在した可能性があり、御田植祭の歴史を研究する上で、貴重な資料といえます。また、御田植祭の後に、地域の農家の人々に配布される椿の枝でできた稲苗の模造品には、仏教の護符の一種である牛玉札が巻きつけてあります。その牛玉札には富貴寺という寺の名が記されています。戦前まで は、神社に隣接するこのお寺の講組織によって御田植祭が行われたという話で、神仏習合した様相をもつ農耕儀礼といえます。

Column

農耕儀礼と異性装

飛鳥坐神社オンダ祭

畝火山口神社オンダ祭

農耕儀礼と異性装

奈良県内で伝承されている御田植祭の大部分は、五穀豊穣を祈願して行われる行事です。一方で、稲の穂孕みと子孕みが相通じるのか、多産と豊饒の願いが込められた独特の所作をともなうオンダ祭もあります。田植えまでの所作が模擬的に演じられるオンダ祭の中でも登場人物が多いもの、特に「オナリ」と呼ばれる「間炊(けんずい)」運びの女性(多くは嫗(おうな))が登場するものは、他の一般的なオンダ祭とは別格のものです。奈良県内では川西町の六県神社の御田植祭をはじめ橿原市の畝火山口神社のオンダ祭、宇陀市の平尾のオンダや野依のオンダなど、奈良盆地南部のオンダ祭に特徴的にみられるものです。明日香村の飛鳥坐神社のオンダ祭も、本来はそれらと類似した構成であったと考えられています。オナリと呼ばれる間炊運びの役は、男性が女装して大役を果たします。オナリが登場する場面は、オンダ祭りではハイライトともいえる部分であり、異性装という非日常性はこの瞬間に煌くのです。

祭礼における異性装は、古くから行われていたことが、史料からも裏づけられています。江戸後期の各地の祭礼行事を豊富な挿

諸国図会年中行事 西七条村田植神事

絵で紹介した『諸国図会年中行事大成』には、興味深い事例が取り上げられています（図）。

正月一五日　西七条田植神事　山城国葛野郡西七条村にあり。今夜酉刻ばかり当家の男麗しき女の小袖を着し、赤き被膝をかけ面に紅粉を粧ひ、大きなる盒子に注連を引て頭に戴く。（盒子をユリナといふ）戴く人をおやせといふ。此着する小袖は当村新婚ありし嫁の小袖を出さしめ着する故殊に曠（ハレ）なる衣裳なり。拐蓑笠を着し鋤鍬を持ちたる者二人おやせの先に立て、耕の真似す。此時其家々より包銭を出し、おやせが戴ける盒子に納む。如斯して村中を廻り、其後産土神松尾の旅所に詣で終る。耕をシリナラシと云　是に鉦太鼓を合ておやせおやせ榎木婆おやせと同音に囃す。

西七条の田植神事は、現在のオンダ祭とは異なる様相を表していますが、当家の男が小袖を着る点などが非常に興味深い内容です。この場合の異性装は、祭を盛り上げるといった単純な理由ではなく、「新婚ありし嫁の小袖を出さしめ着する故殊に曠なる衣裳なり」との一文に端的に表現されているように、稲の穂孕みと子孕みを同時に祈願する農耕神事特有の態様のひとつといえます。

11 春日大社御田植神事

◎奈良市春日野町　春日大社　三月一五日

春日大社御田植神事（馬鍬掻き）

春日大社の御田植神事は、奈良県内各地のオンダ祭と同じように、豊作を祈願して行われる祭礼です。苗代つくりから田植えまでの農作業の姿を忠実に再現していますが、特に後半の部分で、巫女が舞う田舞の神楽は大変美しいものです。

午前一一時、御田植神事は春日大社大宮の林檎の庭から始まります。その後、榎本神社に移り、最後は、春日若宮神社の神楽殿前で奉納されます。

神事の前半は、農作業を模倣する所作を神職と神社の職員が行います。最初は、牛役が登場し、唐犂で土を起こしていきます。次が鍬で土を起こす所作で、神職が鍬を大きく振り上げながら左右中央と耕していきます。その後、唐犂から馬鍬という櫛のような歯のついた農具につけかえ、耕した土を細かく砕いていきます。牛役の迫真の演技が光ります。最後は、耕した苗代を「エブリ」という農具で平らにならして籾種撒きの準備をしていきます。「エブリ」を大きく振りかざし、左右そして中央と三度ならしていきます。

いよいよ、神事の後半の巫女の田舞に移ります。八乙女とよばれる八人の巫女は、緋袴に赤いタスキがけの装束で、腰には傘を畳んだ形の「カエルカゴ」とよばれるものを

春日大社御田植神事（巫女の田植え）

さげています。これは、田植えの時に被る日笠を畳んだものと考えられています。

田舞は、田の区画に沿って大きく輪になったり直線的になったり、変化しながら、苗代田への「籾種まき」、苗代田の稲の苗を田植えのためにとりまとめる「苗取り」、そして、田植えの順に農作業の様子を舞で表現していきます。途中に織り込まれる大きく手を広げて足を上にそらす所作は、苗代にやってくるスズメやトンボを表現しています。きちんと揃った舞はほんとうに美しいものです。一方、神職は「ヤレヤレ」という歌を中心に、笛、スリササラ、銅拍子と笏拍子などの楽器で、美しく田舞の曲を奏でています。

田舞の歌詞は豊かな国、日本国中に苗を植えて行きましょうといった目出度い内容が謡われます。最後に巫女は、松葉で作った模造の稲苗を撒いて田植の所作をします。手にした篭には籾種と餅の切子が入っていて、松葉の苗の上に撒いた篭には籾種と餅の切子ででき「福の種」が入っていて、松葉の苗の上に撒いて、田舞をしめくくります。

県内の御田植祭で、このような美しい巫女の神楽と歌が伝承されているものはほかに全くなく、大変貴重なものといえます。現在と同じ形かどうかははっきりわかりませんが、神社に伝わる古文書から、「田殖」という儀礼が、平安時代末に初めて行われたことが明らかになっています。室町時代から江戸時代の頃には、見物人で大変な人出があったことも記録に残されています。

52

12 野依のオンダ

◎宇陀市大宇陀区野依　白山神社　五月五日

野依のオンダ（田主の舞）

　オンダ祭は、大部分は年の初めから三月上旬頃までに行われますが、いくつか催行時期が遅いものもあります。宇陀市大宇陀区野依の白山神社のオンダ祭は、節句オンダともよばれ、五月五日に行われます。

　五月五日の昼過ぎ、菖蒲の葉が屋根に飾られた野依地区の白山神社の会所で、祭りの準備が始まります。男性三人が早乙女（ショトメ）に扮して、絣の着物をきて、緋たすきをかけてもらいます。一方、祭りの主役となる田主は、翁面を額につけて、腰に茣蓙（ござ）と棒を差し、中には腰が曲がったさまを表現するためにまくらを入れ、鬘をかぶります。一方、もう一人の主役であるオバァサンは、額に媼（オウナ）の面をつけ、背傘を手にします。

　午後二時頃からオンダ祭は始まります。最初は、会所の前で、太鼓に合わせて、次のような早乙女の「白山権現とやよの舞」が舞われます。

　今年のホトトギスは何を持ってきた　枡と枡かけと俵持ってきた（そうやのうそうやのう）

春──53

野依のオンダ（間炊）

　西の国の雨降り舟は何を持ってきた　枡と枡かけと俵持ってきた（そうやのうそうやのう）　白山権現の舞も（そうやのうそうやのう）やよの舞も（そうやのうそうやのう）

　場所を少し移動させて、同じ所作を繰り返した後、石段を上がり社殿の前へ向かいます。はじめに、早乙女に扮した男性三人が揃ってさきほどの白山舞いを奉納します。次に翁面をつけた田主が、太鼓に合わせて傘を開いたり閉じたりを繰り返し、くるりと回りながら舞います。この舞には、雨が良く降るように祈願する意味があるものと考えられます。続いて、「荒鍬」、「馬鍬かき」が木製の鍬をもって、太鼓にあわせて、裸足で足を前後させながら、同じように舞います。そこへ、「苗運び」が足についた蛭を取る仕草をしながら登場し田植えの準備に入ります。苗運びは、空木の枝を束ねた模造の稲苗の束をひとつひとつ石畳の上に置いて、白山舞を奉納していきます。

　今度は、場所を境内の杉の大木の前に移して、先ほどと同じ所作を繰り返していきます。そこへ、媼の面をつけたオバアサンが腰を曲げながら肩に間炊の入った桶を担いで登場します。間炊とは農作業の合間の食事で、農家の人たちの楽しみの一つです。そして、間炊盛りが参加者に順番に間炊を配っていきます。もとより中には何も

野依のオンダ（早乙女の舞）

入っていませんが、空のお椀にご飯を盛り付ける所作をしながら、参加者の口元に椀をはこび、「ワッ」と叫び声を上げてご飯をたべさせる真似をしていきます。間炊盛りは、祭礼の参加者に食事を配りおえると、最後に参拝の一般の人にも間炊をふるまいます。境内には笑い声があふれ、祭りは最高潮に達します。こうして、また場所を会所前へ移して、仕舞い田植をして、祭りは終了となります。

野依のオンダ祭は、翁面をつけた田主と姫（オウナ）の面をつけたオバアサンを含めて、配役が多いのが特徴です。特に、オバアサン役は、「オナリ」と呼ばれる食事を用意する役で、古い形式を残すオンダ祭といえます。また、牛が登場しないのも特徴です。全体として、田植えの部分に重点が置かれています。つまり、五名の男性たちと、中年の男性が扮する三名の早乙女が、寸劇のように田植えを行なっていく、田植えに特化したオンダ祭ともいえます。ショトメ（早乙女）役は、すべて中年の男性が扮します。この異性装にも特徴がある祭りです。

夏 ── 疫神祭と風流の芸能

夏の時期の祭礼は、農業と関わるものや盆行事などさまざまなものがありますが、農業に関わるものとしては、田植えの時に行われるサビラキやサナブリとよばれる儀礼があります。このうち、稲作に関わるものではなく、祈祷という神仏への信仰とあいまって発展してきたといっても過言ではありません。農業は技術革新だけではなく、祈祷という神仏への信仰とあいまって発展してきたといっても過言ではありません。サビラキとサナブリについてはコラム（110頁）で解説します。また、野の花が咲くころには、花鎮めの祭りや、仏陀に清らかな蓮の花をお供えする蓮華会等の法会が行われます。このような行事に通底するものとして、伝染病や天候不順、作物の不作等をもたらす疫神への信仰があります。さまざまな災厄をもたらす荒ぶる神、疫神への畏敬の念は、逆に疫神を慰撫することによって人々によい結果をもたらそうとする信仰へと結びつき、大きな祭礼が生み出されました。それが、御霊信仰などと結びついて祇園祭りが成立し、さらに中世以降さまざま雅な装飾などが凝らされて、風流の祭礼となりました。

中世末の洛中の様子を描いた祭礼絵巻には、現在よりもはるかに華やかな祭礼の様子や、そこに集う美しい着物姿の人々が描かれています。このような中世末に大流行した風流の祭礼の系統をひくのが、本章で紹介する太鼓踊りや風流の盆踊りなのです。

56

はじめに夏の祭礼として初夏の頃に行われる農業に関わる奈良独特の祭礼、ノガミ祭りから解説していきたいと思います。

1　ノガミ祭り

ノガミ祭りは、五月の初めないしは六月の初めに、耕作地のはずれにある独立した塚や、巨木（榎や楠）、社などを、野神あるいは農神（農耕守護神）の依り代として信仰するもので、目前にせまった田植えまでに雨がたくさん降ることと、農耕用の牛の健康などが祈願されます。奈良盆地では、かつて米の収穫の後に裏作として麦を植え、初夏の頃に刈り取るという米麦二毛作が行われていました。ノガミ祭りは、昭和四〇年頃までの農事暦では、麦の刈り取りと田植えのちょうど中間の時期に行われていました。したがって、ノガミ祭りは、先述のような祈願とともに麦の収穫祭として機能もあるものと考えられます。大和郡山市西椎木町のノガミ祭りでは、子供たちがショーブデンボと呼ばれるショウブを束ねたもので、地面をつく所作がありました。この地突きの所作は、米の収穫祭である亥の子祭で、収穫後の大地を鎮めるために棒状に束ねた藁で地突きする所作と酷似していて、麦の収穫祭としてのノガミ祭りの傍証となります。

ノガミ祭りは、もともと農村で成立した民間の信仰であるため祭礼の形態も多様です。同じ名称の祭礼は河内や近江にもありますが、時期や内容は異なります。奈良県内のノガミ祭りも奈良盆地の北部と南部で大きく様相が異なります。奈良盆地北部のノガミ祭りでは、牛をノガミの塚や木に連れて行き、重要な家畜である

奈良市針ケ別所町の虫送り

牛の健康を祈願する「牛まわし」に特徴があります。また、牛や馬などの絵馬を供える点にも特徴があります。明王が牛にのった姿の大威徳明王に対する信仰（牛神信仰）が河内を中心に広がっていますが、この牛神信仰と奈良盆地北部のノガミ祭りとの関係性は、地理的にへだたっていることもあり、いまひとつ明確ではありません。奈良市芝辻町、三条添川町、法連町等、都市化が進んだ市街地でも水利組合などが中心になって現在でも細々と行われています。ノガミ祭りの直後に地区の人々で用水路の整備を行なって、田植えの準備するところもあります。

一方、奈良盆地南部のノガミ祭りでは、麦藁で竜をあらわす蛇体をつくり、子供たちが大勢で担いで村内を練り歩き、最後にノガミの木や塚に奉納する独特なものです。また、鍬、鋤、唐犂、馬鍬等のミニチュアの農耕具をつくり奉納する点にも特徴があります。代表的な事例として田原本町鍵の蛇巻き、今里の蛇巻き、橿原市上品寺町のシャカシャカ祭り、地黄町のススツケ行事、御所市蛇穴の汁かけ祭り等があげられます。本章では、このうち、田原本町鍵と今里の蛇巻きと橿原市地黄町のススツケ行事を解説します。

58

夏

疫神祭と風流の芸能

山添村切幡の神明神社の風祈祷「一万度ワーイ」

2 虫送りと風祈祷(かぜきとう)

夏の稲作に関わる祭礼としては、「虫送り」や「風祈祷(かぜきとう)」という行事が県内各地で行われています。虫送りは日が暮れてから田んぼの周囲を松明をかざして、鉦・太鼓をたたきながら廻り、田の害虫を追いはらう行事です。これは虫供養などとも呼ばれるところもありますが、虫の供養は第一義的な目的ではなく、稲の病虫害、天候の不良などを引き起こす疫神を防ぐあるいは送るのが本来の意味です。このため、松明が通り過ぎたあとで、村境に疫神の進入を防ぐ祈祷札を立てていきます。また、奈良市奈良阪町では笹竹に災厄を乗り移らせて村はずれで焼く珍しい事例があります。さらに、十津川村に一例だけですが、人形を持って虫送りをする例がありあります。この人形は多くの場合、平安時代末の武将の斎藤実盛をかたどった騎馬武者姿のもので、「サネモリ人形」などともよばれます。斎藤実盛は稲株につまずいて転び、討ち死にしたため、稲の害虫となったという御霊信仰にむすびついたものです。「ムシもケラもおん供せえー、サネモリどんのおん供せえー」などと唱えながら、村はずれまで送り、焼き払

3 太鼓踊り

三郷町龍田大社の風鎮祭

現在、虫送り行事は奈良県内では、天理市山田町、宇陀市室生区の笠間川流域の無山、染田、小原、下笠間の各地区、奈良市針ヶ別所町などで行われています。

一方、夏季は、稲の開花・受粉の時期にあたるため、風水害を防ぐための様々な祈祷が行われてきました。昔は、大きな災害をもたらす台風も、祈祷によって退散しうるものと認識されていました。そのため、村人総出で神社に集って大声をあげたり、お寺に集まって太鼓や鉦を叩いたりする風祈祷とよばれる行事が各地で行われていました。代表的なものとしては、三郷町龍田大社の風鎮祭、山添村切幡の神明神社の風祈祷「一万度ワーイ」、東吉野村木津川の祈祷念仏等があげられます。本章では、木津川の祈祷念仏を紹介します。

奈良盆地では、吉野川分水が完成するまで、たびたび大旱魃にみまわれました。このため、先人たちは、ため池を整備して水を貯めたり、田圃のなかに井戸を掘ったり、さまざまな揚水用具を発明したり、旱魃に対

夏

疫神祭と風流の芸能

川西町結崎糸井神社の太鼓踊りの絵馬

する備えを講じてきました。しかし、あまりに日照りのひどい時は、依り立つ手段は祈祷のみとなります。このため、各地で雨乞いの祈祷が盛んにおこなわれてきました。祈祷の形態としては、「高山さん」などの雨乞いに霊験のある神仏像の出御をあおいで、降雨を祈願したり、ナモデ(南無天)踊りやイサミ踊りとよばれる太鼓踊りが、雨乞いの祈願や願かなって雨が降った満願の際に奉納されてきました。

川西町結崎の糸井神社の絵馬は天保一三(一八四二)年に奉納されたものですが、江戸時代の盛大な太鼓踊りの様子が生き生きと描かれた貴重なものです。このように、農業は人間の技術だけではなく、祈祷という神仏への信仰とあいまって発展してきたといえるのです。特に、太鼓踊りは、「鞨鼓(かっこ)」とよばれる太鼓をお腹のところに結びつけ、背中や頭には「シナイ」という大きな飾りをつけて、太鼓をたたくものです。近世初め頃の風流踊りの系譜をひく芸能が今に伝わる大変貴重で美しいものです。奈良県内では、奈良市大柳生、同吐山、吉野町国栖、下市町丹生、川上村東川、宇陀市室生区大野などで行われています。

しかし、太鼓踊りはもともと雨乞いなどの臨時的な祭礼で奉納されるもので、定例開催のものではないため催行間隔が開いて伝承が途絶えがちに

4 盆行事と風流芸能

奈良には関西の踊り始めと踊り納めの盆踊りがあるといわれています。踊り始めは、龍田大社の風鎮祭（七月第一日曜）で、踊り納めは、東大寺二月堂の盆踊り（九月一七日）です。

平安時代に空也が、南無阿弥陀仏と念仏を唱えながら、鉦（かね）を叩いて踊る踊念仏を創始します。後の鎌倉時代に一遍上人が踊念仏をさらに発展させた念仏踊りを全国に広めました。室町時代後半から華やかな飾りを施して風流化して、より庶民的で芸能的な色彩を強めた宗教行事として発展して、今日の盆踊りのもとになりました。このような歴史的背景から、盆踊りは念仏を唱えながら踊ることによって宗教的な陶酔をえるところに、その目的があるといえるのです。

奥吉野の十津川村には一般的な盆踊りとともに、大踊とよばれる古式の盆踊りが伝承されています。大踊は、中心となる踊りという意味で、盆踊りの最後に踊られます。十津川村の大踊は中世から近世初めの風流踊りが伝承されたもので、国の重要無形民俗文化財に指定されています。

大踊では中央の音頭取りに向かって、太鼓持ちと太鼓打ち、その後に切子灯籠を持った男性たちが位置し、

夏

疫神祭と風流の芸能

さらに扇を手にした踊り手の男女が横に並び長方形の陣形が形成されます。途中の「セメ」に入ったときに、方形の陣形がくずれ、音頭取りを中心とした輪踊りへと展開します。

切子灯籠や太鼓の撥の飾り、それと仮装が風流芸能の特徴です。十津川の大踊は、近世にまで遡る古い歴史をもちます。風流の盆踊りとして、本書では十津川の大踊と阪本踊りを解説します。

13 地黄のススツケ行事

◎橿原市地黄町　人麿神社　五月四日

地黄のススツケ行事

橿原市地黄町は、近鉄線の八木駅周辺の中心市街地から通りを一本隔てた閑静な住宅街です。地名は、近世の頃に漢方薬の地黄を栽培していたことに由来します。五月四日の祭りの日は、地区の中心にある人麿神社の境内は、真っ黒に墨を塗られた子供たちの歓声と、アマチュアカメラマンのフラッシュの放列でうめつくされます。ススツケ行事は、その名のとおり、子供たちがお互いの体に真っ黒になるまでスミ（スス）を付け合う祭りですが、本来は、野神祭りという農事に関わる祭礼の一部なのです。

午後三時頃、祭りの世話役となる当番のお宅（当屋）の玄関先で、三宝にのせたカワラケを子供たちが笹竹で叩き割り祭事の開始が告げられます。そして、当屋宅から人麿神社まで、バケツにスミをたっぷり入れて運んでいきます。神社の境内は、パンツ一丁の子供たちであふれかえっています。スミツケ役の小学校高学年から中学生の年長の子供と、墨をつけられる幼稚園児から低学年の子供に分かれて、激しいスミツケがはじまります。もともとは、子供たちはスミをつけられないように町内を逃げ回っていましたが、現在は、祭の場所が神社の境内に限られているため、みな真っ黒になるまでスミを

地黄のススツケ行事野神さんへの奉納品

つけられてしまいます。この時体中が真っ黒になればなるほど豊作になると言われています。最後に背中に大きく米の字を書かれると終了になります。その後、夜七時頃になると子供たちは、近所の集会所で一晩お籠りをします。このとき、子供たちにノガミさんへの奉納用の絵馬を描いてもらいます。絵馬には牛を使った耕作などの昔の農作業の姿が描かれます。もちろん子供たちは昔の農作業の様子など知る由もありませんから、図鑑などを見ながら上手に描いていきます。最後に豊作などのお目出度い言葉を書き添えます。

一方、大人たちは、別の集会所に集まって、藁をつかってジャ（蛇）とよばれる長さ五メートルほどの綱を作ります。出来上がった綱は丸く巻き上げられて、中央に御幣二本が差し込まれます。また、細い竹にブリの頭と尻尾をつけたものや、紅白の寒天などの奉納品が用意されます。さきに子供たちが描いた絵馬には、取っ手をつけて、天秤棒の青竹が結びつけられます。そして、翌日の早朝四時頃、村の北側の田んぼの一角にあるノガミさんと呼ばれる祭祀場に、前の晩用意した様々な品々を奉納します。帰りには、「ノーガミさんオークッタ（送った）、ジージもバーバも早よ起きよ！」と大声をあげます。こうして雨にめぐまれ、作物が順調に生育するように、野神さんに祈願します。一方、この行事は、スミツケ行事とその後のお籠もりの合宿によって、次代の農業を担う地域の子供たちを団結させる役割も持っているといえます。

夏 ── 65

14 鍵の蛇巻き・今里の蛇巻き

◎田原本町鍵、今里 六月の第一日曜日

鍵の蛇巻き

「蛇巻き」とは、藁で作った長い綱を少年たちがかついで町を練りあるき、最後に御神木に巻きつける行事です。奈良盆地各地で田植えの直前の時期に行われる、ノガミ祭りのひとつです。水に恵まれ豊作になるように祈願して、祭りの後に、用水路と水田を整備し、田植えの準備をします。田原本町では隣りあった鍵地区と今里地区で蛇巻き行事が行われていますが、それぞれ祭りの様相がやや異なるため、個別に説明していきます。

まず、鍵の蛇巻きですが、朝九時頃から地区の八坂神社の境内に、綱の先頭を持つ「あたま仲間」とよばれる数へ年一四才から一七歳の少年たちが集まり、榎の小枝を削って奉納用の小型模造農具を作ります。同じ頃、地区の男性たちも神社に集まり、三五〇把の稲藁と麦藁で「蛇(ジャ)」とよばれる綱を打ちます。頭の部分は藁束五つを綱で束ねた巨大なもので、重さは二〇〇キロを超えるといわれています。大きさは約一・二メートルほどですが、昔のものはこれよりはるかに大きく約二メートルの巨大なものでした。大きな頭に対して、胴体の方は藁束を組んだ細いもので、長さは約八

鍵の蛇巻き（ボンサンの膳）

メートルあまりです。出来上がったジャの頭に、けやきの枝を差し込んで飾りつけます。これは、竜の鱗を表しています。そして、先の農具のミニチュアが納められた「どさん箱」とよばれる箱が長い竹の先端にさしこまれます。近くの神社から神職がまねかれ参列者と蛇（ジャ）に、お神酒をかけてお祓いします。

午後二時頃、いよいよ八坂神社をジャが出発します。頭の部分を担ぐのは、「あたま」とよばれる少年たちです。このうち、「新入り」とよばれる少年二人が先ほどの「どさん箱」担ぎになります。「あたま仲間」の少年たちと世話役当番の「おや」がジャの先頭を担ぎ、小学生や幼稚園児が長い尾を綱引きのように引き合いながら練り歩いて行くのが特徴です。重い頭を担ぎながら、思うよう進めない先頭の少年たちには大変な苦行になります。

一方、「どさん箱」担ぎの少年たちにも重要な役割があります。「おや」の家をふりだしに家を新築したり、結婚したり、子供が産まれたなどおめでたい出来事があった家々で、玄関先に「どさん箱」を突きいれては、「おめでとうございます」と叫んでお祝いしていきます。地区内を練り歩いた後、一行が向かうのが、集落内の水路の合流点にある「ハッタはん」とよばれる場所です。

ここでは、ジャの頭を下にして、ジャの胴体を榎の木にかけていきます。そして、ジャの頭の上に、「ボンサン」とよばれています。尻尾はその年の恵方に向けます。降り竜と呼

今里の蛇巻き

「の膳」とよばれるお供えをおきます。お盆には、丸と角の型押しの蒸しご飯、ウルメイワシ、柿の葉にタクアン、それに長い竹の箸が添えられています。型押しの丸いご飯が頭の形をしているため、ボンサンの膳と呼ばれます。最後に参加者一同綱とともに、神職にお祓いをしてもらい、終了となります。

次に今里の蛇巻きですが、午後一時頃から地区の男性たちが、地区の杵築神社の境内で竜神をあらわす蛇綱を打ちます。綱の長さは約一八メートルもあります。出来上がった蛇綱に、樫の若木の枝を差し込みます。これは竜の鱗を表しています。また、前日に綱の先頭をもつ満一三才から一五才の「頭持ち」の少年たちが作った小型模造農具と牛馬の絵馬も奉納品として用意されます。一方、地区の女性たちが用意した、ワカメを四角にくるみ藁で十文字にしばった「ワカメの味噌煮」が集まった人たちにふるまわれます。二時間ほどかけて完成した蛇綱の頭には、御神酒がそがれ清められます。そして、午後三時頃、蛇綱を担いだ一行が神社を出発します。地区の家々を一軒一軒めぐって、玄関先に綱を入れて、「おめでとう」とお祝いをしていきます。道行の途中で、突然、「巻いてやる」と頭持ちの少年たちが叫ぶと、担ぎ手の少年たちがみな綱に巻き込まれていきます。綱に巻き込まれるのは、厄払いの意味があり、昔は通行人も巻き込まれたということです。これが、「蛇巻き」の名称の由来となっています。そして、担出発してから約二時間半、百軒余の家々を廻って、神社に戻ってきます。そして、担

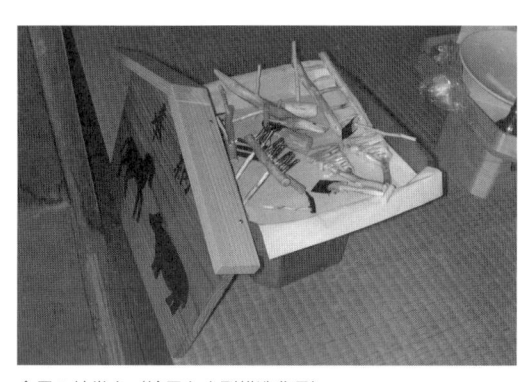

今里の蛇巻き（絵馬と小型模造農具）

いできた蛇綱を、境内の榎の大木に、頭を上にして、ぐるぐると右回りに巻きつけます。まるで竜が昇っていくような姿になります。蛇綱の頭はその年の恵方に向けます。最後に、榎の下の祠に、絵馬と三宝にのせた小型模造農具を奉納し、参加者全員で参拝し、雨に恵まれて豊作になるよう祈願します。

鍵も今里も、竜を模した綱と小型模造農具に特徴があります。綱は正月の綱掛け行事に、農具のミニチュアは山の神祭りにその起源があるものと考えられます。疫神よけの道きりの綱掛けの行事が、米麦二毛作の転換点となる初夏の時期に移行して成立した可能性が想定されます。また、祭の主役は、綱の頭の部分をもつ「あたま仲間」や「頭持ち」とよばれる少年たちです。このうち、最年長となる満一五数え年一七歳の少年は、この祭のリーダーとなり、行事を無事につとめあげることによって、次の年齢集団すなわち、大人の仲間入りすることになります。つまり、ノガミ祭りには、少年から青年へと年齢階梯が上がる、農業青年の育成のための通過儀礼的な意味があるものと考えられます。

サビラキとサナブリ

奈良の農家では、田植え初めを祝う「サビラキ」と、田植え終いを祝う「サナブリ」という行事があります。それぞれの語頭の「サ」とは、田の神をあらわし、サビラケは田植え初めに田の神が降臨して、サナブリ（サナボリ）は田植え終いに、サビラケで招いた田の神が還ることを意味していると考えられています。

サビラキでは田植えを始める直前に、焼き米を蕗の葉で俵状に包んだ「フキダワラ」とよばれるものを木の枝に結び付けて、畦の一角にお供えするのが一般的です。昔は子供たちが歌を歌いながら、このフキダラワを集めて食べたことを、年配の方が懐かしそうに語ってくれました。写真で紹介するのは、桜井市小夫地区のサビラキの様子です。ここでは畦の一角に、樒の枝を藁でY字状にくるんだ「花葛（はなかずら）」とよばれるものと、栗の枝に幣紙をつけたものをお供えします。花葛は、二月のオンダ祭のときに神社で配布されたもので、樒の枝を使用するところなどに神仏習合した様相がみられます。また、栗は、秋に実をたくさんつけることで豊作の象徴と

桜井市小夫のサビラキ

奈良市日笠町のサビラキ

Column

サビラキとサナブリ

田原本町矢部のサナブリ

考えられています。サナブリは、奈良県東部の山間地の水田でよくみられますが、奈良盆地では、このような田植え始めの儀礼は全くみられません。

一方、田植えが終わったあとのサナブリとよばれる儀礼も独特の様相をもっています。農家の人たちは、田植えが終了したことをお祝いして、早苗を米や塩とともに村の鎮守に供え、田植え終いを報告します。かつては、竃に苗をお供えする「イエサナブリ」が行われていましたが、現在では竃のある家も少なくなり、村全体で行う「ムラサナブリ」の形になってしまいました。このサナブリは、奈良盆地に集中していて、県東部の山間地では行われていません。サナブリのときには、収穫したばかりの麦で作った餅にキナコをつけたサナブリ餅や、稲が良く根をはるように旬の食材であるタコの酢の物などを食します。

奈良の農業に関わる儀礼食には、よくキナコが登場します。正月の白みそが入ったお雑煮でも、わざわざ丸餅を汁椀からとりだし、キナコをまぶして食べます。奈良の正月料理の流儀といえます。なぜ、キナコをつけるのかという理由には諸説がありますが、奈良の正月料理にはキナコのほのかな甘みがともなう微妙な味のお雑煮ですが、白味噌味にキナコをつけるのかという理由には諸説がありますが、キナコの色あいが稲の花粉と似ていることから、農業に関わる儀礼食にしばしば用いられると考えられています。

15 金峯山寺の蓮華会（蛙飛び）

◎吉野町金峯山寺　七月七日

蛙飛び行事は、蛙の着ぐるみで飛び跳ねる奇祭として、全国的に有名な祭りです。もともとは蓮華会とよばれる清浄な蓮の花を、御本尊である蔵王権現にお供えする吉野山の仏教の法会です。

正午に、吉野山の寺院のひとつである竹林院から出発し、参道を練り歩いた太鼓台が山上ケーブル駅で蓮の花と合流したのち行列を整えて、金峯山寺の仁王門の階段を登り、蔵王堂に到着します。太鼓台を下りた蛙は、担ぎ手に背負われて蔵王堂に入堂します。その後、蓮華会の法会がはじまります。吉野山一山の僧侶に続いて、桶や輿に入れられた蓮の花が入堂し、御本尊に供えられます。この蓮の花は、当日の朝に、大和高田市の奥田の蓮池で採られたものです。奥田には、役行者の母の刀良売（とらめ）の墓があり、弁天池という池で役行者が産湯を使ったという伝説が残る場所です。この由緒ある弁天池から一〇八本の蓮の花が採られるのです。

蓮華会の法要が営まれた後の午後四時頃、いよいよ蛙が蔵王堂の正面に登場します。はじめに蔵蛙は、仏法を侮辱したために法力で蛙の姿にされてしまった人間なのです。

金峯山寺の蓮華会（蛙飛び）

王堂前の舞台から正面の大導師の元へ跳ねて行きます。蛙は、懺悔して元の人間の姿に戻してもらいたいとお願いします。しかし、一度では人間に戻してもらえず、また、元の位置まで戻されます。そして、再び蛙はとび跳ねて行きますが、今度は直接大導師のところへ向かうのではなく、正面左右に座した吉野山の寺院である喜蔵院と竹林院の僧侶のもとへ赴きます。それぞれの僧侶のもとで、元の人間へもどるために呪をさずかります。そして最後に、正面の大導師の元へ向かい戒を授かります。そこで、やっと蛙の頭をはずしてもらい、めでたく元の人間の姿にもどることができます。

この蛙飛び行事は、先述のように清浄な蓮の花をお供えする行事です。現在も蛙飛び行事の翌日早朝から山上ヶ岳山頂の大峯山寺本堂まで蓮の花をお供えする蓮華奉献入峯が行われます。室町時代中頃の古文書にもそのことが記されています。

この蛙とびについて近世の古文書には、人間に蛙の格好をさせて、操るといった記述があります。つまり、神聖なる山にこもって修行をつんで、超自然的な力である験力を身につけてきた修験者が、人間に呪法をかけ、蛙と思い込ませて操る、蛙飛びの行事が行われていたようです。他にも、虫送り行事との関連性を指摘する説もあります。このように、蛙飛び行事についてはさまざまな解釈がありますが、現在は、仏法を侮辱して蛙にされた人間が、蔵王権現の法力によって元の人間に戻してもらうという、民衆を教化する一種の宗教劇的な儀礼になっています。

16 御所の献灯行事

◎御所市宮前町　鴨都波神社　七月一六日・体育の日の前々日

御所市の鴨都波神社は、別名「鴨の宮」と呼ばれて古くから地区の人々の崇敬を集める神社です。この鴨都波神社を中心とする旧御所町および近隣五地区では、夏季および秋季の大祭で、ススキ提灯とよばれる独特の形式の提灯が奉納されます。

ススキ提灯は、四・五メートルほどの長さの竹製の主柱に、直交するように横木を四本とおし、さらに横木の先端を紐で連結して駒方に骨組みを形作ります。これに、一〇張の提灯を、上段に二張り、中段と下段にそれぞれ四張りずつ、三段に飾り付けたものです。主柱の先端部には御幣を飾りつけています。全体の形状は、刈り取った後の稲束を尖がり屋根の円柱形の形状に積み上げたものに類似しています。当地ではこのような稲を積み上げたものを「ススキ」や「スズキ」とよび、これが名称の由来となっていいます。つまり三段に重ねた一〇張りの提灯は、稲穂そのものも象ったものと考えられています。まさに、五穀豊穣を象徴するものです。

ススキ提灯は、夏祭りと秋祭りのそれぞれの宵宮に鴨都波神社へ奉納されます。昭和二七年までは秋祭りのみに奉納されていました。宵宮では、旧御所町の三四地区と東松

鴨都波神社のススキ提灯

本町と竹田地区から、ススキ提灯が約三〇竿も奉納されます。当日は、町々でススキ提灯が組み立てられ、町内の所定の場所に立てられます。あたりが暗くなりかけた午後五時頃に提灯に点灯し、鉦太鼓を伴いながら、鴨都波神社にゆっくりと参進します。神社の境内では、各町内ごとに、提灯を先頭にして本殿に拝礼したのちに、境内の一画でスポットライトをあびながら、太鼓と鉦の音に合わせて、ススキ提灯をぐるぐるに激しく振り回す妙技を披露していきます。振り回したススキ提灯が倒れこみそうになりながら境内をまわると、大勢の参詣の人々から拍手喝采が沸き起こります。はからずも、提灯を落としてしまうと灯が一瞬にして消えてしまい、見物人からため息がもれます。こうして、夜の鴨都波神社の境内は熱気につつまれながら、町々のススキ提灯が次々と奉納されていきます。

このような献灯行事は、全国各地に類似したものがみられます。特によく似ているが、秋田の竿灯祭りです。提灯を段重ねにして稲穂をかたどり先端に御幣を飾る点は、規模の大小はあるものの瓜二つです。さらに竿灯を腰や肩あるいは頭などに載せて、町々で妙技を競い合う点などもよく、類似しているといえます。両者とも、稲穂を象った提灯を奉納することで、五穀豊穣を祈念ないしは感謝する意味あいがあるものと考えられます。奈良県内では、スズキ提灯やススキ提灯とよばれる献灯行事が、五條市や御所市、葛城市など県南部に分布しています。

夏 —— 75

17 田原の祭文音頭

◎奈良市田原地区　八月第二土曜日ないしは八月一五日に近い土曜日

田原の祭文音頭

田原地区は奈良市東部の春日奥山から水間町、そして山添村に抜ける街道沿いに位置しています。田原地区では、地元の人々によって伝統芸能保存会が組織され、祭文語りをはじめとして、祭文音頭やおかげ踊り等の貴重な伝統芸能が伝承されています。

祭文とは、もともとは神仏に対して願い事を祈願して読み上げられる祝詞を意味しています。それが、のちに山伏によって錫杖や法螺貝を使って、独特の節をつけて謡うように読み上げられるようになりました。このような祭文は、江戸時代後期には三味線などの楽器の伴奏をともなって、さらに芸能的な色彩が強くなり「歌祭文」と呼ばれる型式に発展し、一般庶民の娯楽として定着しました。これがのちの浪曲や浪花節のもとになったのです。

祭文語りは錫杖と法螺貝をともなうことを特徴としますが、特に法螺貝は鳴らすのではなく、口に当てて「デロレン、デロレン」と詞を吹きこむように奏するのが特徴です。このような祭文を「貝祭文」とよびます。また、この独特の節回しと盆の念仏踊り

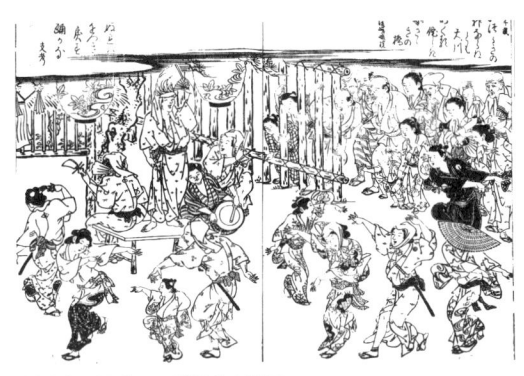

『大和名所図会』の盆踊りの絵図

が結びついたのが祭文音頭とよばれる踊りです。祭文音頭は、歌い込まれる内容が本来の宗教的なものから、しだいに芸能的なものへ変化していきますが、それとともに節や踊りも洗練されて、江州音頭へと変化していきます。江州音頭は明治時代以降に大流行します。その後、江州音頭はさらに世相が歌い込まれた躍動的な踊りとして、現在の河内音頭の原型へと変化していきました。

田原の夏の盆踊りは、この祭文音頭の形式を伝える古式のものです。盆踊りでは音頭取りが陣取る高櫓のまわりを、地区の人々が廻りながら踊っていきます。音頭の要所要所で、音頭取りが法螺貝と錫杖を奏するという独特のものです。音頭取りが使用する錫杖は、通常の錫杖から環を取り外して、錫杖本体が鳴るように作られた芸事専用のものです。このように、田原の祭文音頭は盆踊りの歴史の上でも、古式の盆踊りの型式を残していて、大変貴重なものといえます。現在の盆踊りで音頭取りが陣取る台は高櫓となっていますが、昔は高さ一メートル足らずの低いものが使用されていたようで、田原地区にはその現物が保存されています。この台は、現在の盆踊りの櫓と比べるとずいぶん低いように思われますが、上の図に示した江戸時代の中頃の『大和名所図会』の絵図でも、同じような低い台に音頭取りが乗っている様子が描かれています。昔の盆踊りは、音頭取りと踊り子の距離が近く、両者が一体となって熱狂的に踊られていたものと考えられます。

夏 —— 77

18 八島の六斎念仏

◎奈良市八島町　三月一五日・八月一四日

奈良市南部の八島町は、春日若宮おん祭にも「八島神子」が出仕している土地柄で、古い伝統がよく残されている地区です。この地区では、融通念仏宗を信仰する家が多く、鉦講（かねこう）とよばれる宗教組織が形成されています。毎年三月一五日の釈迦入滅の涅槃の日と八月一四日のお盆の際には、鉦講の方々によって念仏が唱えられます。

涅槃の時は、講員が地区の集会所に集まり、涅槃図のまえで、先導役を中心にしてゆっくりと鉦を打ち鳴らしながら「南無阿弥陀仏」と唱える鉦念仏が行われます。一方、お盆の時には、大小ふたつの太鼓をリズミカルに叩きながら「ウタ」を唱える太鼓念仏が行われます。このときは、集落内の融通念仏宗の家々をすべて廻って、それぞれ太鼓と鉦をたたきながら「ウタ」を唱えていきます。順縁、逆縁、新棚など故人の事情によって、種類の異なる念仏を唱えるのが特徴です。

家々をまわる途中で、昔家が建っていた跡地である空き地で「屋敷念仏」（やしきねんぶつ）をとなえ、午後かまた辻の地蔵の前でも「ウチコミ」とよばれる太鼓を高らかに叩いていきます。ら始まった家々をまわる回壇は夜になっても続きます。夜九時をまわったころに、鉦講

八島の六斎念仏（太鼓念仏）

の一団は、村はずれの地区の共同墓地までやってきます。墓地では、戦没者の墓をはじめ先祖の霊にたいして、順に太鼓念仏が唱えられていきます。夜の静かな墓地に響きわたる太鼓の音と鉦に導かれ、うなるような「ウタ」の低い響きは、聞くものの五体にしみこみます。最後の鉦念仏の「ハクマイ」の低く長い「南無阿弥陀仏」の寳号は心が洗われるように美しく、静かに余韻を残して終わります。

鉦には、江戸時代はじめの寛永一八（一六四一）年の銘など江戸時代の年号が記されたものが複数あり、八島の六斎念仏は江戸時代前期まで遡るものと推定されます。奈良県内では、このような鉦講が、いくつか伝承されており、奈良市八島町のほか、安堵町東安堵の六斎念仏や、御所市東佐味の六斎念仏等が有名で、ともに県の無形民俗文化財に指定されています。最後に念仏のウタをあげておきます。

念仏行者のウタ

念仏行者をたのむれば　播磨の国の書写の時　紫硯に唐の墨
筆は何筆おさま筆　鹿の蒔絵のその筆で、あそばすお経はかげんの経
ひちくはちかん八の巻　これぞ行者の三ぶの経　助け給えや地蔵菩薩
たのめよたのめよ念仏を　はあなんまいだ　はあなんまいだ

風流と仮装

十津川（小原）の大踊（風流の飾り）

祭礼における仮装とは、日常とは異なる特別な装束をつけたり、仮面を被ったり、人を驚かすような奇抜な格好をすることを意味します。こうした仮装は、歴史的には中世まで遡ることが祭礼絵巻などの研究から明らかになっています。仮装は、芸能史の分野では風流の一部として捉えられる場合が多いので、まず風流について簡単に触れてみましょう。

本田安次氏の言葉を借りて端的に表現すれば、文学的な主題に由来するきらびやかな飾りつけや装束などに特徴づけられます。風流の飾りは、日本や中国の古典に装飾の意匠の題材をとっていて、各種の祭礼絵巻にみることができます。風流が最も発達したのは中世末から近世初頭の時期で、この頃の洛中における風流の華やかな祭礼の様子は、京都の祇園祭の山鉾等にその典型を見ることができます。この風流の伝統を現在まで伝えているのが、奈良県十津川村の大踊や県内各地に伝わる太鼓踊りなのです。

この風流の踊りには、仮装がともなうのが特徴です。十津川村小原の盆踊りでは、浴衣姿

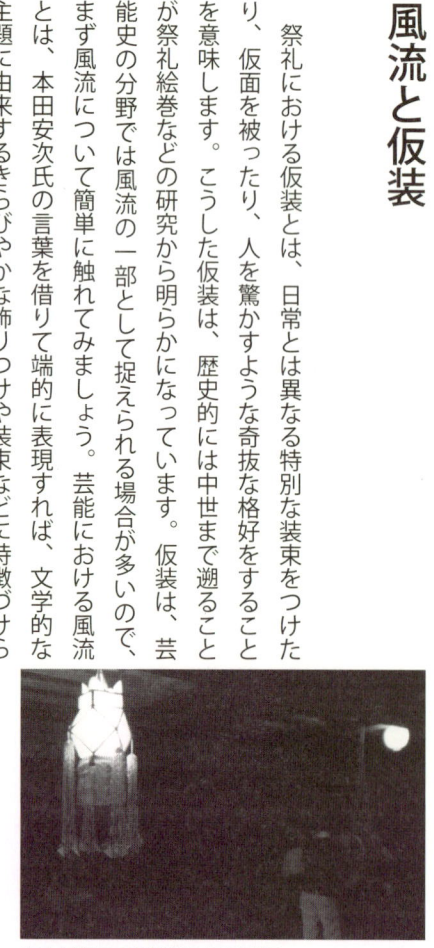

川上村高原の法悦祭の切子灯篭

Column

風流と仮装

十津川（小原）の大踊（仮装）

の参加者のなかで、一人だけ農作業の姿で肩にトウモロコシを担ぎ、篭を背負った仮装が登場します。しかも衣装の一部が大きく綻んで臀部が露出しています。またある時は、振袖姿の若い娘に化けて登場するという全く奇抜なものです。盆踊りという夏を代表する祭礼の、まさに場を盛り上げる重要な役割を果たしているといえます。

それでは、このような盆踊りにおける仮装とは、いつごろまで遡るのでしょうか。室町時代の春日大社の神職の日記に次のような記事があります。

「南都中近年盆ノヲドリ、異類異形一興、当年又奔走云々、不空院辻ニ踊堂自昨日初建之、毎年盆ノ踊ハ、昼新薬師寺ニテ踊リ、夜不空院ノ辻ニテ踊之処、新薬師寺毎年ノ踊リニ、堂ユルギテ瓦モヲチ、……」『春日権神主師淳記』（明応六〔一四九七〕年七月一五日条）

この不空院の辻とは、現在の高畑町の新薬師寺から春日大社へぬける細道と、頭塔のある清水町から登ってくる旧道の交差点のところです。現在の高畑町界隈の静かな街並みからは想像できないことですが、室町時代に、奈良の街中から大勢の人々が、踊りながらこの場所に押しよせ、寺院の堂宇が揺らぐほど踊り狂ったことが記されているのです。この記事のなかの、異類異形の類とは、よほど変わったいでたち、趣向をこらした仮装であったものと想像されます。

19 東坊城のホーランヤ

◎橿原市弓場町春日神社・東坊城町八幡神社　八月一五日

　ホーランヤとは、八月一五日に橿原市の弓場町の春日神社と東坊城町の八幡神社で、行われる珍しい真夏の昼の火祭りです。はじめに、神社周辺の四地区で作られた大松明が練りこみ、火をつけずに境内を一回りしてから、神前で松明に点火され、さらにふた回り境内をまわります。次いで、午後三時頃から東坊城町の八幡神社で、周辺の町内から七基の大松明が奉納され、同じやり方で、火をつけて境内を練りあるきます。大松明は、当日朝早くから各町内で作られます。松明は、竹をすだれ状に巻いてつくられ、中には麦わら等が入れられています。上部の燃焼部は、ナタネガラがぎっしりと詰められています。大松明は、大きなもので直径一・七から二メートル、高さが二・五から三メートルの巨大なもので、重さ約三百キロから五百キロもあります。松明には胴部に三段に縄がまかれ、その部分に長い丸太を差し込んで、三〇人ほどの男性達に担がれて練り歩きます。
　午後三時頃、町内各地に安置されていた大松明が、大勢の担ぎ手によって、八幡神社へ運ばれます。松明は鳥居をくぐれないほど巨大なものですが、なんとか鳥居を通過し

東坊城のホーランヤ

ます。はじめに火をつけずに、境内を神輿のように一周します。拝殿での神事の後、長い点け木で点火されます。あっという間に炎が大きくなり、真夏の炎天下真っ赤に燃え上がります。燃え盛る大松明は、担ぎ手の勇ましい掛け声とともに、八幡神社の境内を回っていきます。あたりの木々の葉が焼かれて茶色になるほどの炎が立ち上がります。境内を二周回ったあとで、拝殿の正面に円が描かれ、そこを目印にして、松明はゆっくりおろされます。順に大松明に火が灯され、境内を巡行していきます。松明を巡行するとで、前の松明の隣にゆっくりと下ろされ、松明に差し込まれていた丸太が外され、担ぎ手の人たちによって、慎重に位置決めされていきます。あたりには、大松明の炎の熱気と煙が立ちこめ、時折熱で竹がはじける爆音が轟きます。大松明が境内を行く際は、神輿を担いでいるように、時折大きく揺さぶって上に放り上げます。そして、鳥居のところでも、引き返すと思いきや、「出ろ、出ろ」という掛け声とともに、鳥居をくぐり、鳥居が火であぶられてしまいます。こうして、大松明の巡行は、二時間余り続き、最後に参加者一同の手締めで祭りは終了となります。

ホーランヤという名前の由来は、はっきりとはわかりません。しかも、この火祭りの意味についても諸説があります。霊を鎮めるための、盆の送り火が巨大化したものとも言われていますし、一説には雨乞いの行事ともいわれています。神社の宮座とよばれる祭礼組織が江戸時代までさかのぼることから、その頃の成立と推定されています。

20 十津川(西川)の大踊

◎十津川村重里　八月一五日

西川の大踊（いりは（入端））

十津川村では一般的な盆踊りとともに、大踊とよばれる古式の盆踊りが伝承されています。大踊とは、中心になる踊りという意味で、盆踊りの最後に踊られます。大踊は、十津川の小原、武蔵、西川の各地区に伝承されており、盆踊りの中世から近世初めの風流踊りが山村に伝承されたもので、大変美しく、貴重な踊りとして、国の重要無形文化財に指定されています。

風流の盆踊りでは、なによりもその美しい飾りつけが注目されます。踊り子は手に手に鮮やかな柄の扇を二枚持って踊るという扇踊りに特徴があります。さらに、大踊のときは、踊り子の一団に、笹竹に美しく飾られたひし形の切子灯籠が加わります。この他にも、太鼓打ちが持つ太鼓の撥にも長い房状の飾りがつきます。それと仮装にも特徴があり、浴衣姿の踊りの一団に、野良仕事の姿や女装した踊り子が加わったりもします。

また、踊りの形も普通の盆踊りでは音頭取りを中心に踊りの輪ができますが、大踊では、中央の音頭取りに向かって、扇を手にした踊り手の男女が横に並び、その前方に太鼓持ちと太鼓打ち、その後方に切子灯籠を持った男性たちが位置し、全体として長方形

西川の大踊（かけ入り）

の陣形が形成されます。そして、大踊が中ほどまで進行して、「セメ」とよばれるテンポの早い部分に入ったときに、長方形の陣形がくずれて輪踊りになり、音頭取りを中心とした踊りの輪が形成されるという特徴があります。

ここでは、十津川で最も多くの大踊が伝承されている西川の大踊についてその特徴をみてみたいと思います。西川では、「よりこ」「いりは（入端）」「かけ入り」という大踊が伝承されています。また西川の盆踊りは、大踊もふくめて、一般的な輪踊りがほとんどなく、すべて踊りが直線的に広がるところに特徴があります。

はじめに、「よりこ」とよばれる大踊が踊られます。文字通り最初に踊りの場に人々を呼び集めるための踊りです。太鼓持ちと太鼓打ちが前列に、後列には扇を持った女性たちが並びます。音頭取りの歌と太鼓に合わせて、全体が時計まわりに大きく旋回しながら移動します。

次に、「いりは（入端）」とよばれる大踊が踊られます。男性たちが胸に太鼓をさげて、紅白の房のついた撥を大きく振り上げて踊ります。撥の房の大きな動きが強調された踊りといえます。

最後が「かけ入り」とよばれる大踊です。構成は「ヨリコ」の後方に切子灯籠の飾りが付いた笹竹をもった一団が加わります。太鼓持ちと白い房のついた撥を振る太鼓打ちが前列に、後列には音頭取りの歌声にあわせて、二面の扇を振りながら踊る踊り子が、

西川の大踊（大もち）

そして、その後ろに、色紙の飾りのついた大きな竹をもった男性たちが並びます。竹の飾りの先端には、切子灯籠が光っています。全体をみると、「よりこ」と同じように踊りの一団が、人数もぐっと増えて大掛かりになります。「かけ入り」の最後には、踊り子の列が崩れ、太鼓打ちを中心に踊りの輪が広がり、「大もち」という祝い歌が挿入されます。

「大もち」というのは音頭取りが即興で歌うもので、日常生活の喜びなどが歌いこまれたものです。「笑う家には、福が来る、家家繁昌で村繁昌」などと寿ぐ言葉が、格調高く歌い上げられます。西川の大踊は元々五曲以上あったといわれ、現在は三曲の大踊りが伝えられています。大踊以外の通常の盆踊りは、戦前に流行した歌謡や、地元で歌われていた串本節等があります。また、筏節など、戦前の大陸での筏流しの様子を歌いこんだ貴重なものもあります。伊勢音頭を歌いながら、餅つきの様子を踊りで表現した餅つき踊りも注目されます。

西川大踊り保存会では、地区の人たちや学校の先生方が一丸となって大踊の伝承に取り組んでいます。さらに、小原地区や武蔵地区でも盆踊りの資料として歌本を刊行し、その他の地区でも盆踊りの特徴などをまとめたパンフレットを刊行しています。毎年八月の後半に、「ふれあい物語り」という合同の盆踊り大会が開催されます。

21 阪本踊り

◎五條市大塔区阪本　八月一五日

阪本踊りは、十津川の大踊りと同じように、江戸時代初めに流行した風流踊りのひとつで、扇をとっておどる小歌踊りが、盆踊りとして山村に伝承されたものです。隣接した篠原地区で伝承されている篠原踊りも同じ系統の踊りです。

阪本踊りは、八月一五日の午後七時すぎから、阪本地区の天神社の境内で行われます。盆踊りは屋外で踊るものという印象がありますが、奥吉野の盆踊りは、踊り専用の踊り堂が利用される場合が多かったようです。阪本踊りも古い写真では、広場で櫓を組んで輪踊りが踊られていたようですが、現在は天神社の境内にある踊り堂で行われています。踊り堂の建物は、壁の羽目板を外に倒すと即席の桟敷ができあがる構造です。扇を手に採って踊る扇踊りとしては、二枚扇で踊る「薬師」と「ナンキチ踊り」が、一枚扇で踊る「サノサ」「大文字屋」などがあり、扇を閉じて踊るものとしては、「政吉踊り」があります。扇を持たずに踊る手踊りは数が多く、「ひらき」、「かわさき」、「はりや」「祭文」「都」「八拍子」「役者」「まねき」などの踊りがあります。このほかに、白鉢巻に白筒袖袴姿で帯刀

夏 —— 87

阪本踊り

した男性達と扇を持った女性が踊る「天誅踊り」などがあります。踊りの歌には、山村の生活や奈良をはじめとする各地の名所などが歌い込まれています。また、御当地の踊りともいえる刀を採って踊る勇壮な「天誅踊り」は、残念ながら近年は特別な場合以外で踊られる機会は少なくなってしまいました。

盆踊りのときは、踊り堂の中央の低い櫓に陣取る音頭取りの男性が、太鼓をたたきながら調子を整えて格調高く歌います。太鼓の音と音頭取りの歌が狭い踊り堂に響き渡って、なかなか趣きがあります。村の人たちは、踊りの輪に加わったり、桟敷で休んだりしながら踊りを楽しみます。扇を採って踊る扇踊りは、奥吉野地方に分布する風流踊りの特徴で、扇を持った手の緩急自在な返しがまるで蝶が舞うように見事です。

阪本踊りを代表する踊りが、哀調をおびた歌の「政吉踊り」です。この踊りは、江戸時代の中頃に、文蔵という木挽きの殺人容疑をかけられ、五條の代官所に捕えられた村の男性達の身代りとなって刑死した、中村政吉という人物の霊を慰めるためのものです。

「小代阪本　昼寝はできぬ　淡路文蔵が殺された」
「小代阪本　今伐る桧　淡路文蔵の公事の金」
「小代阪本　四十と八戸　みんな政吉さんに救われた」
「月は十月　日は二十七日よ　今日は政吉さんへの墓参り」
「私ゃ愉快で踊るじゃないが　これも政吉さんへの恩返し」

22 大柳生の太鼓踊り

◎奈良市大柳生町 八月一七日に近い日曜日

大柳生（塔坂）の太鼓踊り

奈良市大柳生の太鼓踊りは、近世初めに流行した風流芸能のひとつである太鼓踊りが伝承されたものです。太鼓踊りとは、順番に打ち手がかわる大太鼓の前面で大きく枝が開いた造花の飾りを背負い、胸の前にさげた鞨鼓とよばれる太鼓をたたきながら小太鼓打ちが舞い踊る、優雅でかつ勇壮なものです。

大柳生の太鼓踊りは、町内の上出・塔坂・西の三地区で伝承されています。古くから夜支布山口神社の御分霊をまつる「廻り明神」に奉納するという形式で行われてきました。廻り明神はその年の祭礼担当である当屋宅に祀られていて、その家の庭先で、当屋を祝うという意味で賀当踊りともよばれる、太鼓踊りが行われるという古式な祭礼です。つまり、太鼓踊りは、「廻り明神」さんに見えるように、庭先で奉納される踊りなのです。太鼓踊りが終わったあと、当屋さんのお宅の庭では、盆踊りが踊られます。また、現在はほとんど行われていませんが、昔は相撲も盛んにとられていました。

祭礼当日の夕方、太鼓踊りの一団は、地区の集会所の前から、当屋宅へ隊列を組んで、軽快なリズムで太鼓をたたきながら練り込みます。はじめに大太鼓の前で太鼓踊り

夏 —— 89

大柳生（上出）の太鼓踊り

の由来を記した口上が読みあげられます。続いて、合図のあとで太鼓踊りがはじまります。

踊り子は、背中に大御幣をつけた四人の大太鼓打ちと背中にシナイとよばれる桧を薄く削った飾りをつけ、胸に「鞨鼓（かっこ）」とよばれる太鼓をつけた八人の「中踊り（なかおど）」から構成され、それぞれ太鼓を打ちながら飛び跳ねるように踊ります。シナイは形や数、それからシナイの最上部を飾る切り紙で出来た花の飾りは三地区でそれぞれ異なっています。また、踊りの曲目も上出は「大ジュンヤク」「大ゼンオドリ」「シノビオドリ」、塔坂は「大神踊り」「忍踊り」「小ジンヤク」、西は「屋敷踊り」「山伏踊り」「若武者踊り」とそれぞれ異なっています。

踊り子の他に、羽織姿でサイハイとよばれる棒状の飾りを持った師匠とよばれる人たちが加わり全体の調子をとります。

太鼓踊りは、もともとは雨乞いを祈願したり満願の際に踊られますが、大柳生では戦の出陣ないしは凱旋の踊りであると伝えられています。

長い歴史をもつ大柳生の太鼓踊りなのですが、平成一九年から夜支布山口神社の御分霊を祀る祭礼当番の家が順番に太鼓踊りを担当するという当屋制度から、地区の有志が夜支布山口神社に奉納する形式に変更になりました。

23 木津川の祈祷念仏

◎東吉野村木津川　八月一八日

　祈祷念仏とは念仏踊りともいい、念仏を一心に唱えながら、宗教的な喜びや陶酔を得る踊りです。多くの場合は風流化して華やかな踊りへと変化していきますが、木津川の念仏踊りは古式の素朴な形式がよく保存されており、貴重な事例といえます。

　お盆を過ぎた八月一八日の夜、木津川地区の人々は、高台にある薬師堂に集まってきます。午後七時頃、近くの天昭寺の僧侶の読経によって村の平安を祈願します。この後、参列した皆さんで、持ち寄ったご馳走で会食します。料理は手作りの煮しめや漬物などの精進料理です。

　そして、午後八時を回った頃、仕度を整えいよいよ念仏踊りが始まります。まずお堂の真ん中に大太鼓を据えます。そして、大太鼓打ちと木魚、それに鉦をたたく三人が、薬師堂のご本尊に拝礼した後、念仏踊りがはじまります。全体の進行役は木津川の各地区から選ばれた「年行」とよばれる祭礼行事の当番の方々です。この晩、薬師堂に集まってきたのは二〇人あまり、木津川地区のほとんどの人々が念仏踊りに参加します。

木津川の祈祷念仏

大太鼓にあわせながら、魚と鉦をもった男性二人が、大きな身振りで木魚と鉦を叩きながら、おどけた調子で大太鼓の回りを廻ります。そして、順番に大太鼓、木魚、鉦の叩き手が交代していきます。念仏踊りの名のとおり、堂内は興奮のるつぼと化していきます。最後の頃には木魚と鉦の叩き手の方は、頭を手ぬぐいで覆い、さらに肩脱ぎになっています。一方、お堂に集まった、女性たちは、踊りまわる男性たちを囲み、高いきれいな声で、「なーあんぶーつ　なーああんぶつ」と独特の節まわしで次のような優雅な和讃を唱えます。

男　　ようーなんぶつ　なーあんぶーソレ
女　　なんぶつ　なあーんぶつなーソレ
男女　ヨウーなむあみだハァハァ
　　　ヨウーなむあみだハハ　ヨウなむあみだハハ

こうして、夜九時をまわる頃まで、山あいのお堂に太鼓の音を響かせながら、念仏踊りは続きます。

念仏踊りには、念仏を一心に唱えて踊り、宗教的な陶酔を得ることと、もうひとつは祈祷すなわち、夏も終わりに近づき、一年の半分がすぎた時点で、村の平安を願うという意味があります。つまり、木津川の念仏踊りには二一〇日の前祈祷、台風がこないように願う風祈祷の意味があると考えられています。

92

24 国栖の太鼓踊り

◎吉野町国栖　不定期催行

　国栖の太鼓踊りは、吉野町国栖に伝わる風流の太鼓踊りです。夏の日照りのときの、降雨祈願ないしは願がかなった満願の際などに奉納された踊りです。太鼓踊は臨時祭礼の、降雨祈願ないしは願がかなった満願の際などに奉納された踊りです。太鼓踊は臨時祭礼の代表的なもので、毎年定期的に行われる祭礼とは異なります。国栖の太鼓踊りは歌本の記載から江戸時代末まで遡る古式のもので、奈良県南部の太鼓踊りを代表する貴重なものです。太鼓踊りは風流芸能の代表格ともいえるもので、太鼓打ちの美しい飾りに、その特徴があります。

　国栖の太鼓踊は、大きく分けて、踊りの輪の中心に据えた大太鼓を打つ大太鼓打ちと、それを取り囲むよう回る少年たちの小太鼓打ちから構成されます。大人四人の大太鼓打ちは頭に白い「シャグマ」とよばれる毛の被り物をつけます。一方、手に持った小太鼓をうつ小学生の子供たちが、さらに小太鼓打ちの外側を固めるように、とよばれるベテランの大人たちが、手に手に一メートルほどの棒の先端を赤く染めたシデとよばれる飾りを持って加わります。太鼓踊りの全体の調子をとっているのは、大太鼓の横で、大太鼓をシデで打っている「ハラウチ」とよばれる役です。

夏　——　93

国栖の太鼓踊り

太鼓踊りは、大太鼓打ちが陣取る神社境内に、「イリハ」という曲で小太鼓打ちの子供たちと「シデ振り」の大人たちが練り込むところから始まります。子供たちに続いて、鉦を担当する「カネウチ」や「ウタウタイ」の女性たちも加わります。曲が一旦終わったところで、陣笠裃姿で軍配を持った口上役が登場して、これから「お寺踊り」を奉納することを伝えます。順に打ち手がかわる大太鼓うちの撥さばきの見事さと、小太鼓をもって打ちながらまわる子供たちの熱演、美しくシデをふりながら外側をまわるシデ振りの美しさ、さらにウタヨミの女性たちの独特の節回しと、まさに風流芸能として太鼓踊りの典型的な姿がそこにあります。三〇分ほどの踊りの後で、小太鼓打ちとシデ振りが退下して、その後大太鼓打ちが十分ほど太鼓を叩き続けて終了となります。

しかし、映像でみられる構成は本来の大掛かりなものではありません。二五年前の奉納時の記録によると、この他に「腹ウチ」がもう一名、小太鼓打ちの周りを走る「ハヤウマ」、全体を警護する「警固」、大きな鉦をもった「マサカリ」、大きな団扇をもった「トウチワ」、「山伏」などが加わっていました。また、「忍び踊り」「寶踊り」などの曲も奉納されていました。また、踊りの前後の日にも前奏および後奏として部分的な踊りの奉納が行われていました。

25 吐山の太鼓踊り

◎奈良市都祁吐山町　不定期催行

奈良市東部の大和高原に位置する吐山地区にも美しい風流芸能の太鼓踊りが伝承しています。太鼓踊りは雨乞い祈願あるいは満願のときに奉納する踊りです。吐山の太鼓踊りは、奈良県東部の大和高原の太鼓踊りの代表的なもので、大太鼓のみで構成されるのが特徴です。子太鼓打ちがともなわない、大太鼓が中心となった太鼓踊りとして貴重なものです。

祭礼当日午後、大太鼓が車輪のついた台に載せられて地区内から六台奉納され、公民館を出発して地区の氏神である下部神社へ向かいます。行列の先頭を行くのは「ヤクハライ」で、天狗面に「ハグマ」とよばれる白い毛の被り物を被り、「ジャラジャラ」と摺りササラを鳴らして行きます。下部神社の鳥居下の石段のところでは、大太鼓を台ごと担ぎあげ、神社の境内に練りこみます。

神社の境内に大太鼓が一列に並んださまは壮観です。大太鼓にはそれぞれ撥をふるって叩きながら踊る踊り子が三人、「シデ振り」が二人ずつともないます。「シデ振り」はシデとよばれる一メートルほどの棒の先端に木を薄く削ったものを房状に取り付け、赤

吐山の太鼓踊り

吐山の太鼓踊りは、不定期に公民館などで演じられる場合が多く、現在は氏神の下部神社で奉納される機会は決して多くはない状態です。平成一九年に奉納された際は、伝統芸能の伝承に地域が一丸となってとりくんでいる様子がわかります。学校行事での練習の成果を発表する場として、子供たちが多く加わっているのが注目されました。

太鼓踊りの曲目は、鳥居をくぐって神社の境内に入るところから、子供たちが「イサミ踊り」、「ヒンダ踊り」と「宝踊り」を奉納し、その後、太鼓の叩き手が大人と交代して、「鎌倉踊り」が奉納されます。

く染めたものを持ちます。赤いシデの中で、二本だけひときわ鮮やかな青色のシデを振っているのが裃姿の「シンボウチ」で、太鼓踊りの全体を先導する重要な役です。この他に、鉦をたたく役と音頭をとる歌だしが二名、それに幡もち一名が構成に加わります。そして、行列を先導していたヤクハライは、神社の境内でも大太鼓の列の前面で、摺りササラを鳴らしながらおどけた調子で踊ります。大太鼓の周りをくるくると回りながら、叩き手が交代し、歌と太鼓に合わせて、青と赤のシデが波のようにゆれる大変美しい風流芸能の太鼓踊りです。

秋 ——収穫を神仏へ感謝

1　田楽踊り

　秋の祭りは、文字通り収穫を感謝する秋祭りです。お神輿などもくりだしますが、行列の先頭を行くのはその年に最初に収穫された稲を神にささげる御初穂です。奈良の秋祭りでは、山車や太鼓台・ダンジリといった大阪周辺の都市型祭礼に一般的に見られる要素は希薄で、どちらかと言えば神事芸能の奉納に重点が置かれているといえます。これは、奈良の秋祭りが近世というよりも、より古く中世の祭礼の様相を色濃く残しているからなのです。神事芸能として特に注目されるのは、奈良市東部地域に伝承されている田楽踊りです。
　田楽踊りは、大寺院に専属した芸能集団である田楽座によって演じられる芸能です。きらびやかな装束に身をつつみ、「ササラ」という楽器や笛、太鼓による奏楽と刀玉や高足とよばれる曲芸が一体化したもので、平安時代後半から鎌倉時代に最も流行した古典的な芸能です。もともとは農耕を模倣する所作が連続的に演じ

奈良市大保町　八坂神社の「森神呼び出し」

られて全体の踊りが構成されていました。しかし、時代を経るにしたがって踊りの所作が断片化して、現在は部分的に伝承されています。奈良県内各地の神社の秋祭りで伝承されている「じんぱい（神拝）」などの田楽踊り系統の神事芸能には、擬態的呼称の「サンカクトビ」や「ヨコトビ」あるいは、擬音的呼称の「バタラン」や「ピッピラ」といった特徴的なものがあります。これらの神事芸能には、扇で楽器や床を扇ぐ所作などが伴い、本来は一連の流れをもった田楽踊りが、断片化して部分的な所作だけが伝承されたものと考えられます。しかし、断片とはいえども、中世の頃、田楽座から地域の祭礼集団に伝播した芸態を今に伝えるものとして学術的に貴重であり、断片をつなげていくと、中世の田楽踊りの実態が復元できると考えられます。一方、田楽だけでなく、猿楽と能楽も重要で、奈良阪町の奈良豆比古神社の翁舞も、室町時代の能楽が民間で伝承されたもので、猿楽・能楽の発生の地である奈良を代表する祭礼といえます。さらに、奈良市大保町の八坂神社では、神社の周囲のモリガミの名前を順に読み上げる「神おろし」「森神呼び出し」とよばれる所作があります。これは、春日大社の「神おろし」の社伝神楽が、伝承されたもので、このような地域の祭礼に、中世から近世の興福寺や春日大社、なかでも最も大きな祭礼である春日若宮おん祭が、大きく影響をあたえていたことを示す証といえます。

山添村桐山のオドリコミ

2 題目立

奈良市（旧都祁村）上深川町の八柱神社の秋祭り宵宮に奉納される題目立は、福岡県みやま市（旧瀬高町）の幸若舞とともに日本の中世芸能を代表するものです。演者は立ったままほとんど動かず、番帳とよばれる進行表の順に、不動の姿勢のまま、自分の台詞を淡々と謡い上げていきます。武家物語などの語り物が舞台芸能化していく初期の姿をとどめる大変貴重な芸能として、国の重要無形民俗文化財に指定されています。二〇〇九年には世界無形文化遺産のリストに登録されました。題目立は、もともとは、神社の造替の時に奉納されていたものと考えられています。現在は秋祭りの宵宮に一七歳前後の少年たちによって奉納されています。演目は、平清盛が弁財天からナギナタを授かる「大仏供養」も一〇年ほど前まで、東大寺の転害門が舞台の「厳島」が中心となりますが、「厳島」と交互に演じられてきました。この他に明治時代以来演じられていない「石橋山」という演目もあります。時間がかかるものや演者の人数が多いものは、しだいに上演される機会が少なくなってしまうことは伝統芸能ではよくあります。演目が少なくなることは、地域の伝統芸能の伝承の難しさを物

秋

収穫を神仏へ感謝

生駒山口神社のオハキ（御仮屋の一種）

語っています。このような題目立が、東部山間地域では八柱神社のほかに隣接する山添村峯寺で過去に行われていたことがわかっています。また、奈良市丹生町の丹生神社には、最も古い天正三年の記年のある台本の残欠が保存されており、室町時代の興福寺の僧侶が記した『多門院日記』の記事とともに、題目立が中世にまで遡る古い歴史があることを直接示す重要な史料といえます。また、上記の地区以外にも、奈良市東部の北野山の戸隠神社と隣接する山添村室津の戸隠神社と桐山の戸隠神社では、秋祭りに「ウタヨミ」とよばれる神事芸能が奉納されたあとで、当屋宅にもどり、笹の枝を持ちながら、米をまいて種まきの所作をする「オドリコミ」とよばれる短い芸能が演じられます。神事芸能の奉納のるのが、先の題目立の導き歌である「安芸の国、厳島の弁財天は……」と類似した「安芸の国、厳島の弁財天の、いざや宝を拝むよう」という台詞です。先述の山添村峯寺をはじめ隣接する松尾、的野地区でも同様の神事芸能が伝えられています。このような事例は、かつて村々で行われていた題目立の遺風を留めるものと推察されます。上記のように中世後期の室町時代の一山村において、題目立のような芸能が奉納されていたことは、当時の大和の国の農山村のリテラシーの高さ、つまり文化水準の高さを端的に物語っており、古い歴史をもつ寺社とその周辺の村落とで、一体となっ

て芸能が育まれていくという、奈良の風土の特性として特筆すべきものといえます。

3 特殊神饌・御仮屋・亥の子祭

この他に奈良の秋祭りに特徴的なものとして、コラム（一五四頁）でもとりあげた、餅や木の実・果実を山型に盛り付けたり、串刺しにした特徴ある特殊神饌とよばれる御供えや、神の依り代となる御仮屋があげられます。特殊神饌は本来寺院の仏饌であったものが、神仏習合によって神社の神饌となったものが多く、桜井市多武峯の談山神社の「百味の御食」を代表例として、各神社の祭礼で独自の様式の神饌が伝えられています。一方、御仮屋は、鳥の巣箱様の小さい家形のものから、かつては土壁の一メートルを越える大きさのものまで作られていました。また、家形以外にも円柱状のものなど様々な形があります。しかし、現在は、御仮屋も作られることはまれになってしまいました。

秋の収穫の後の最後を飾る祭りが亥の子祭りです。西日本を中心にして全国各地でみられます。奈良県内でもいくつかの事例があります。大淀町上比曽地区では、子供たちが藁を棒状に束ねて持ち手をつけたものを作り、その年に嫁入りがあった家々を廻って、入り口で亥の子歌を歌いながら、地面を敲くという典型的な亥の子祭が現在でも行われています。祭りの最後には、藁束を家の屋根に向かって放り投げます。一方、桜井市高田地区は、一般的な亥の子祭とはやや異なった「いのこの暴れまつり」で有名です。小型模造農具を奉納したりする点から山の神祭と習合した行事と考えられます。亥の子祭りが終わる

102

秋

収穫を神仏へ感謝

と、稲刈りの後の農作業がほぼ完了します。

こうして、季節毎に生活の折々に結びついた、奈良の祭りをしめくくるのが、毎年暮れの一二月一五日から一八日に行われる春日若宮おん祭です。国の重要無形民俗文化財にも指定されているこの祭りは、平安時代末から八七〇年余りの伝統をもつ古代から中世の芸能の生きた博物館、「無形文化財の正倉院」といっても過言ではない奈良を代表する祭りです。おん祭は、一五日の奈良市内の大宿所で行われる巫女の御湯立を前奏として、一六日の宵宮を経て、一八日の後宴の能と相撲の奉納でしめくくられます。特に、一七日はハイライトとなる時代行列のお渡り式と、松の下式、お旅所祭があり、昼から夜一一時頃まで、数々の伝統芸能が奉納されます。なかでも、松の下式での能楽、お旅所祭での田楽踊り、細男（せいのう）の舞、舞楽などは圧巻で、中世の祭礼絵巻の中に自分も入りこんでしまったような錯覚を覚えるほど雅で風流な祭礼です。最後の一八日の芝舞台での能も見事なもので、屋外で行われるところが古風といえます。

地元では祭り終いをおん祭と呼び、神仏への信仰とそこに暮らす人々の生活とが結びついた奈良の祭りは、このおん祭で締めくくられます。

26 邑地の神事芸能

◎奈良市邑地町　水越神社　一〇月の体育の日の前日・前々日

邑地の神事芸能（じんぱい）

奈良市東部の邑地町の水越神社は、柳生から月ヶ瀬に向かう途中の布目川沿いにあります。水越神社の秋祭り宵宮では、田楽をはじめとして、翁舞や相撲などの神事芸能が奉納されます。近世の秋祭りの姿を今に伝えるものとして大変貴重なものです。

秋祭り宵宮の午後七時すぎ、地区の消防会館を出発したお渡りの行列が神社に到着します。一同神社へ拝礼の後、午後七時半頃から、神事芸能の奉納がはじまります。まず初めは、「じんぱい」とよばれる芸能です。笛の合図で拝殿前方に歩み出た二人が、扇を取り出し、床をあおいでから、広げた扇の上に楽器をのせます。床を払って清める意味があると考えられています。そして、衣装の袖をつかぐのは、笛の音にあわせて上体を大きく左右にふる袖神楽という所作をします。この後、拝殿中央で、対面して鼓と太鼓を打ち鳴らします。次に登場するのは、ベンザラあるいはササラとよばれる楽器です。拝殿中央で対面してベンザラを「ジャラジャラ」と鳴らします。先ほどと同じ所作を繰り返してから、拝殿中央で鼓や太鼓そしてササラという楽器の構成から中世の田楽とよばれる古典芸能を奉納しているものと考えられま

邑地の神事芸能（おきな）

　続いて、「おきな」が奉納されます。翁は、白い尉面をつけて、「凡そ千年の鶴は」「池の亀は、甲に三玉をいただきたり」と、祭りの場を寿ぐ神舞をひとりで舞います。

　地謡と翁役ともに地元の神事芸能の保存会の方々が行います。

　翁舞の後役の「これも当社にたて給ふ願なれば」という「願済まし」の部分になると、まわりからオヒネリが雨霰と飛んできます。これは一年間のお願いとそれがかなったことに対するお礼の意味があります。舞台にひかえた方が「もう一番」と叫ぶと、同じ台詞を繰りかえします。そうすると再びオヒネリが飛んできて、三宝が一杯になります。

　最後は、「すもう」の奉納です。力士は、先の「じんぱい」と同じように、扇で床をあおぐ所作をして拝礼します。いよいよ取り組みになります。はじめは小角力（コスモウ）です。力士はお互いに見合ってから片手を組んで引っ張りあいます。そして、シコをふむように大きく足を踏み鳴らしながら、グルグルと回ります。次は大関角力（オオゼキスモウ）です。今度は扇で床をあおいだ後、肩に担いだ布を扇の上にのせて拝礼します。この後、先ほどと同じように、肩に布を担いだまま、力士は手をとって引っ張り合いながらぐるぐると回ります。

　この力士が肩にかけた大麻布については、相撲の勝者がもらう褒美布とみる説があります。また、この手をつないでくるくる回る奇妙な相撲、じつは江戸時代の春日若宮神社の祭礼であるおん祭で、お旅所祭の時に奉納されていた相撲の形式であることが明ら

105

邑地の神事芸能　相撲

かになっています。現在のおん祭では、相撲は行司と支証が並んで歩くだけで、力士による取り組みは見られませんが、興福寺と春日大社の旧領地として深いつながりがある邑地の地に、古い形式の相撲が伝承されているのです。「すもう」の奉納で宵宮の神事芸能は終了します。

水越神社の鬱蒼としげった社叢のなかで、厳かに繰り広げられる神事芸能の数々は大変見ごたえがあります。また、田楽や翁舞、相撲と中世の芸能の生きた博物館ともよべる伝統芸能の数々は、大変貴重なものと言えます。

地区の古文書に、寛文元（一六六一）年の「相定（申）てんかくいてなみの事」という史料があることから、江戸時代の前半の時期には、このような田楽踊り系統の神事芸能が行われていたものと考えられています。

27 奈良豆比古神社の翁舞

◎奈良市奈良阪町　奈良豆比古神社　一〇月八日

奈良豆比古神社の翁舞（三人翁）

翁舞は、神社の祭礼や法会の初めに奉納されるお祝いの舞いです。奈良豆比古神社の翁舞は秋祭りの宵宮に奉納されるもので、千歳、翁、三番叟からなる式三番とよばれる形式で、中世から伝承された芸能として大変貴重なもので、国の重要無形民俗文化財に指定されています。

奈良豆比古神社の秋祭りの宵宮である一〇月八日午後八時、囃子方や演者が装束をつけ順に拝殿へ登場します。それぞれ楽器をささげ持って拝礼してから着座します。そして、千歳とよばれる少年が、翁面を入れた面箱をもって翁と共に登場します。全員が着座し「とうとうたらりたらりろ、たらりあがりらららりろ」と、翁が演じられる前に必ず歌われる謡が始まります。

はじめに、露払いとして、千歳の舞が行われます。「鳴るは瀧の水、（繰り返し）、日は照るとも」と歌っています。この歌は、先の「とうとうたらり」に対応した舞のはじめに歌われる前歌です。

りりしい千歳の舞のあと、いよいよ、主役である太夫が白い翁の面をつけて登場しま

奈良豆比古神社の翁舞（三番叟と千歳の問答）

「千年の鶴は万歳楽と謡うたり、（中略）天下太平　国土安穏の　今日の御祈祷なり」と舞います。翁は、祭礼の場を清め、人々を祝う神聖な役割を果たしています。そして、「千秋万歳の喜びの舞なれば、ひと舞い舞おう万歳楽」と神歌を謡いながら舞いを続けます。

翁の舞の後、次に脇の二人の翁が加わり、豪華絢爛な三人翁の舞いになります。「万歳楽　万歳楽」と謡いながら、三人翁の舞で、翁舞はクライマックスを迎えます。三人の翁は神社に祀られている三柱のご祭神を象徴しているといわれていますが、芸能史の研究者は、能や猿楽が盛んであった近世の奈良に本拠地をおいていた能楽の宝生・金春・金剛の三座から太夫が出仕して、翁が舞われたのが、この三人翁ではないかと指摘しています。

次に、場面は一転して、剣先烏帽子をつけた三番叟が登場します。最初は、面をつけずに、「おおさようさよう、喜びありや、喜びありや」と場と清め、寿ぐ言葉を述べてから、揉の段と呼ばれる舞を舞います。大きな音をたてて舞台を踏みしめるような所作に特徴があります。その後、黒い翁の面をつけます。そして、拝殿正面で、翁と千歳の問答がはじまります。お互いに相手が話すときは正面すなわち社殿の方を向きます。この翁舞の特徴で、古い時代の奉納芸能の特徴を伝えています。そして、三番叟は千歳

108

から鈴をうけとり、鈴の段とよばれる後半の舞を舞います。三番叟の舞は翁と対照的に大変動きが激しく躍動的です。三番叟の舞は翁舞は終了となります。

翁舞で使用される翁の面は、普段は奈良国立博物館で保管されています。そして、翁舞のときだけ、この古い翁面が使用されるのです。翁面のほかにも数多くの能狂言面が保管されていますが、その中の「べしみ」の面の裏側には「千草左右衛門太夫昨、応永二〇（一四一三）年二月二二日」の銘があり、奈良豆比古神社の翁舞に中世まで遡る古い歴史があることがわかります。面だけでなく翁舞で使用される笛などの楽器も古い時代のものがそのまま利用されています。また、装束も大変豪華なものが保存されています。能面や装束の一部と地区の古文書類は、秋祭りの時に、神社横の資料館で一般に公開されます。

田楽と相撲

奈良の秋祭りを代表する神事芸能に、田楽と相撲があげられます。どちらも、中世から続く歴史ある芸能で、奈良の祭りにはなくてはならないものです。

田楽は、田楽踊りのことで、その起源については中国伝来のものとも日本固有のものとも言われていますが、最も流行したのは中世のことです。皇族や貴族から一般庶民まで、様々な階層の人たちが、楽器を繰って踊りました。その伝統を現在にまで伝えるのが、春日田楽であり、その影響下に成立した奈良市東部の山あいの村々の秋祭りの田楽踊りなのです。

上の写真で紹介するのは、奈良市阪原町の長尾神社の秋祭りに使用されるササラです。編木などと漢字では表記される、田楽特有の楽器です。持ち手の部分には江戸時代中期の天明四（一七八四）年の記年があり、約二百年ほど使い続けられたものです。秋祭りでは、太鼓、鼓やササラ、笛を持った一団が、楽器を鳴らしながらお渡りします。そこには、江戸時代の祭礼絵巻に

奈良市丹生町 丹生神社秋祭り 古社八幡社参り遙拝式

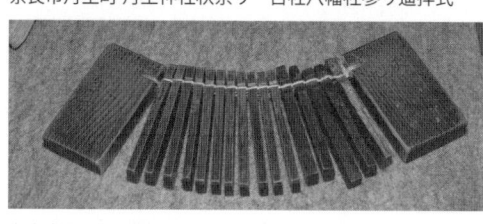

奈良市阪原町 長尾神社（天明四年銘のササラ）

110

Column

田楽と相撲

奈良市阪原町 長尾神社のスモウ

描かれた、春日若宮おん祭の田楽座のお渡りの様子がうかがえるのです。

一方、秋祭りの神事相撲にも、さまざまな様相がみられます。まず、基本的に真剣勝負の取り組みというものが全く見られない所作相撲に特徴があります。多くの場合、刀を肩にかけた力士が二人で登場して拝礼をしたり、榊の枝をもって拝殿を回ったりして、まるで舞いのような揃った所作を二人で演じます。

相撲というよりは、ある種の芸能のようなものですが、近世までの春日若宮おん祭の相撲は、このような形式、すなわち平安時代の相撲節会の系統をひく相撲だったと考えられています。現在のおん祭では、行司と支証がお渡りの行列に加わるだけですが、江戸時代には、お旅所祭で抜頭(ばとう)と落蹲(らくそん)という舞楽の左右の舞いの順番を決めるために、相撲が行われていたのです。奈良市東部の秋祭りの相撲は、まさにこの時代の相撲のありようを現在に伝えているのです。

奈良市西九条町 倭文神社のダイスモン

28 狭川の神事芸能

◎奈良市下狭川町　九頭神社　一〇月の体育の日

狭川の神事芸能（バタランバタラン）

奈良市北東部に位置する下狭川地区は、奈良市から京都府の笠置町にぬける街道沿いにあります。氏神である九頭神社の秋祭りは、この神社の祭礼組織である宮座から構成される両西敬神講によって催行される伝統ある祭りです。特に、中世の芸能である田楽踊り系の神事芸能が奉納される祭りとして重要です。

祭礼当日の午後二時、神社拝殿での神事から祭りが始まります。「とうとうたらり、とうたらり」と前謡がはじまり、翁舞が奉納されます。「天下太平　国土安穏　今日の御祈祷なり」「千秋万歳の喜びの舞なれば、ひと舞い舞おう万歳楽」と神舞を舞います。

九頭神社での祭礼の後、近くの「タベノモリ」とよばれる神社まで、お渡りが行われます。御神宝の太刀、御幣や唐櫃からなる四〇名ほどの行列です。祭礼に奉仕する方々は、洋装の場合は礼服に烏帽子をかぶるという珍しいスタイルです。

タベノモリに到着してからが見所で、独特の神事芸能が奉納されます。はじめは、「バタランバタラン」です。これは、鼓と太鼓、それに木の小片を束ねたような形の

狭川の神事芸能（ピッピラ）

「ササラ」をもって円陣になり、それぞれ楽器を打ち鳴らして、「ワー」と言いながら時計廻りに廻ります。

続いて、「ピッピラ」が奉納されます。「ピッピラ」は別名「神飛（かみ）」とも呼ばれ、少年二人が両手を広げて背中合わせになり、笛に合わせて反時計廻りに跳びはねて回ります。舞いの途中で、まわりの大人たちが「ピッピラ」と掛け声をかけながら調子をとっています。

「タベノモリ」での祭礼が終わった後、再び九頭神社まで、お渡りをして戻ります。

こんどは、九頭神社の境内で、少年たちだけで、先程の「バタランバタラン」と「ピッピラ」を奉納します。この後、少年たちはさらに三種類の神事芸能を奉納します。最初は、「コハイ（鼓拝）」の奉納です。これは、太鼓を持って前に三度跳び、続いて後ろ二度下がる所作を繰り返します。次は、「タチハイ（太刀拝）」です。御神宝の太刀を肩にかけ、台に向かって三歩進んで、右耳に挟んだ紙の小片を供え、次に後ろに下がる所作を繰り返します。最後が「スモウ（相撲）」です。神事芸能の相撲は、実際に取り組みがあるものはほとんどありません。ここでは、少年たちが「ダラケフンドシ」をまわしのようにつけ、さらに白い大きな紙で額を覆うようにします。そして、二人でお互いに向き合って腕を組

狭川の神事芸能（スモウ）

み、反時計廻りに飛び跳ねてまわります。最後にお互いに背中をくっつけて、くるりと返します。この「スモウ」の奉納で、神事芸能は終了となります。

狭川の九頭神社の秋祭りでは、「バタランバタラン」から始まり、最後の相撲まで、実に不思議な神事芸能が次々と奉納されていきます。このうち、「バタランバタラン」と「ピッピラ」は、中世に流行した田楽踊りとよばれる芸能に起源があります。とくに、ササラという楽器は田楽踊りにおいて重要な楽器のひとつです。また、「ピッピラ」に類似した所作は、和歌山県の那智大社につたわる那智田楽にもみられます。特に「水車」とよばれる舞は、二人の舞手が対面してくるくると回り、水で回る水車を表現するもので、芸態としてはよく類似しているといえます。一方。「コハイ」「タチハイ」や「スモウ」とよばれる神事芸能は、現在では途絶えてしまいたが、江戸時代の春日若宮おん祭のお旅所祭で奉納されていた相撲に類似した構成になっています。このような古い時代の芸能が、所作が断片化した形で、祭りのなかに伝承されているのです。部分部分をつなぎあわせていくと、江戸時代の春日若宮おん祭の姿が復元できるかもしれません。この点からみると狭川の九頭神社の秋祭りの神事芸能は歴史民俗学的に貴重な資料といえます。

29 柳生の宮座行事

◎奈良市柳生町　八坂神社　一〇月の体育の日

柳生の宮座行事（スモウの舞）

奈良市東部の柳生町とその周辺の神社では秋祭りに、収穫に感謝して様々な神事芸能が奉納されます。なかでも、八坂神社の秋祭りでは、「スモウの舞」、「ササラの舞」、「ヨーガの舞」という珍しい舞が奉納されます。八坂神社の宮座行事は、江戸時代の秋祭りの様子を今に伝えるものとして貴重なものです。

秋祭りの当日の午前一一時前、八坂神社の氏子で組織される宮座の「ジューニンシュウ（一二人衆）」とよばれる方々が、祭礼当番のお宅から八坂神社までお渡りをします。ジューニン衆は、柳生町と柳生下町で組織され、年ごとに祭礼を交互に担当します。行列の中ほどの人が担ぐ大きな箱は、黒箱と呼ばれるもので、祭りの装束や楽器などが中に入っています。黒箱は当番の家で守られ、箱自体があたかも信仰の対象ように丁重に取り扱われます。

神社に到着すると拝殿をぐるりと回り、位階の順に着座して、神事芸能の奉納が始まります。最初は、「スモウの舞」です。二人の方が対面して、笛の合図とともに「ヤー」と掛け声を発してぶつかり合います。このぶつかり合いを二度繰り返します。所作だけ

秋── 115

柳生の宮座行事（ササラの舞）

の神事相撲の奉納ですが、なかなか迫力のあるとりくみです。

次は、「ササラの舞」です。広げた扇の上に、懐からとりだした木片を連ねた楽器のササラを乗せて拝礼します。笛の合図で左手を高く掲げササラを振り鳴らします。次に、高く上げた腕の上にササラを乗せてすべらせて鳴らします。「ササラの舞」は不思議な所作の連続ですが、これは中世に流行した田楽踊りそのものなのです。

最後は、「ヨーガの舞」の奉納です。拝殿後方で、片膝立ちの姿勢で、地謡の「ヨーガの松かな」という謡に合わせて左袖、右袖の順に装束の袖をつまみ、なで下ろす所作をします。この後、扇を開いて、大きく腕をふりながら、「松もヨーガのあおが松住吉お松」と地謡のうたにあわせて「ありゃりゅうどう 所は久しくさかえさしたもう」と舞います。この「ヨーガの舞」の「ヨーガ」とは影向の意味です。すなわち、神が天から降りてこられる松の前で、地謡の「神万世まします」「神やすむなり」の謡にあわせて、おめでたい舞を奉納するという意味があります。最後に、地謡の「ヨーガの松かな」にあわせて、大きく腕を回しながら舞います。この「ヨーガの舞」の「影向の松」で神事芸能の奉納は終わります。

前述のヨーガの舞の「影向の松」とは、春日大社の一の鳥居の横の松のことで、春日明神が翁の姿で御出現すなわち影向されたという神事芸能の聖地ともいえる場所です。能舞台の後ろの鏡板に描かれているのが、この影向の松なのです。

柳生八坂神社の神事芸能は、ジューニンシュウとよばれる祭礼組織によって伝承され

柳生の宮座行事（ヨーガの舞）

ている、芸能の奉納を主眼とした中世の祭礼の姿を今に伝えるものとして、非常に重要なものです。柳生八坂神社の秋祭りは地域の祭りで、布団太鼓や子供神輿も登場する大変にぎやかな祭りですが、神事芸能の奉納は、これとは別に神社の拝殿で厳かに行われます。

30 曽爾の獅子舞

◎曽爾村大字今井　門僕神社　一〇月の体育の日の前日

曽爾の獅子舞（長野の獅子踊り）

　曽爾の獅子舞は、曽爾村大字今井にある門僕神社の秋祭りに奉納されます。獅子舞といえば、隣の三重県桑名市太夫町の増田神社を本拠地とする伊勢大神楽が有名です。

　曽爾の獅子舞は村内の長野地区に伝わる古文書によると、江戸時代の中頃の享保三（一七一八）年に、村人が伊勢大神楽の伝習をうけて、五穀成就と村の平安ために始められたもので、講社に属さない民間で伝承された伊勢大神楽である点と祭礼の開始年代が明確な祭礼として貴重なものです。

　獅子舞は、午前九時からはじまり、村内の長野、今井、伊賀見の三地区の奉舞会が、順に一三の演目を奉納します。三地区の代表的な演目を順に解説します。長野地区の「獅子踊り」は、獅子とチャボの剥製を頭にかぶった天狗が登場するもので、伊勢大神楽の「四方の舞」「跳の舞」等が原型になっているものと考えられます。天狗に加えて、奇抜ないでたちの道化とよばれるオカメとヒョットコが登場し、獅子が遊んでいる様子を見ています。それぞれ、シナイやスリササラなどの採物を持っています。獅子は、途中で疲れはてて寝てしまいます。天狗はその獅子を採物を使い起こします。やがて天

曽爾の獅子舞（今井の参神楽）

狗を先頭にして獅子やオカメやヒョットコ全員が、ひと繋がりになります。そして最後に、みんなが仲良くなって一緒に踊って終わります。

次の今井地区の「参神楽」は神楽鈴と御幣をもって舞う典型的な伊勢大神楽です。獅子はマエとアトモチの二人立ちです。境内には地区毎に屋形（ヤカタ）とよばれる道具箱が飾り立てられ、その前にお囃子が陣取ります。太鼓・笛・スリガネをつかって、軽快なお囃子をかなでます。

最後が伊賀見地区の「接ぎ獅子」です。名前の由来は大人の男性の肩の上に、子供が乗って獅子舞を演ずるもので、文字通りの接ぎ獅子となります。獅子は御幣を振ってお祓いをした後、刀を銜えて「悪魔祓い」をします。あちこちからお捻りが飛んできて盛り上がっていきます。最後は、獅子の花魁道中になります。獅子は懐から櫛を取り出し、次いで合わせ鏡で髪形を整えていきます。そして、傘を受け取りパッと開きます。あたりには傘に仕込んであった紙ふぶきが舞います。上にのった獅子が傘を開いて花魁道中をするところは、伊勢太神楽の「魁曲」とそっくりです。伊勢大神楽の華ともいえる片足立ちで傘を三本開く「一本立ち」こそありませんが、そこには典型的な「魁曲」のすがたを見ることができます。最後に、背中の覆いをしぼってぐるりと体に巻きつけ、後ろ向きに倒れこんで終了となります。

さきにも述べたように門僕神社の秋祭りは、長野地区に天正年間から伝わる古文書の

曽爾の獅子舞（伊賀見の接ぎ獅子）

存在によって、その歴史的な変遷過程がわかることが大変貴重です。また、民間で伝承された獅子舞としては、演目が非常に多いことが珍しいといえます。各地区では、大人も子供も、約一ヶ月前から練習にとりかかります。現在は村全体で、獅子舞の伝承に取り組んでいます。

またこの日、門僕神社には、様々な形の珍しい特殊神饌が奉納されます。そのひとつが「スコ」とよばれるもので、サトイモの茎を芯にして柿と丸モチを竹串で差し込んで、全体が円錐形になるように形作り、てっぺんに鶏頭の花を飾ります。この他に「牛の舌」とよばれる細長い餅などがあります。また、獅子舞は、神社で奉納されるだけでなく、地区の家々を一軒ずつ回って竈（かまど）（現在は台所）の荒神祓いをしていきます。

31 題目立

◎奈良市上深川町　八柱神社　一〇月一二日

題目立（ミチビキ）

　題目立は、奈良市上深川町の氏神である八柱神社の秋祭りの宵宮に奉納される芸能です。芸能といっても、演者は立ったままでほとんど動かず、自分の台詞を淡々と読み上げていきます。題目立は、武家物語などの語りものが舞台芸能化していく過程の、初期の段階の姿をとどめる芸能として大変貴重なもので、国の重要無形民俗文化財に指定され二〇〇九年には、ユネスコの世界無形文化遺産のリストにも登録されました。
　午後七時前、八柱神社に隣接する元薬寺というお寺の建物に、演者が控えています。演目は、平清盛が弁財天から天下を治める節刀とよばれる薙刀を授かるという「厳島」です。演者は立烏帽子に、白線が二本はいった「ソー」（素襖）のいでたちで、襟にすぼめ扇をさし弓をもっています。御幣をもっているのは「神主」です。薄藍色の小紋の着物は「平清盛」、宝冠をかぶって長刀を持っているのが「弁財天」です。
　ロウソクを持った長老に導かれて、一同はミチビキ歌を歌いながら、神社下の舞台に向かいます。八人の演者の少年たちが莫蓙が敷かれた石畳の道をゆっくりと参進していきます。神社下の舞台は竹で囲った場所に一間四方の板が敷かれただけです。まわりに

題目立（清盛節刀を授かる）

は莫蓙が敷かれています。正面には弁財天がこもる竹でつくられた屋形があります。呼び出し役の「番帳さし」が、「一番　清盛」と発して、「厳島」が始まります。演者は、それぞれの立ち位置で、呼び出しの順に、不動の姿勢のまま、台詞を朗々と独特の節回しで歌いあげていきます。とくに、台詞の最後の部分は、「オトシ」といって、一旦切って音を下げます。

舞台が大きく動くのは後半、神主が進み出て弁財天へ祈願する場面からです。そして神主に応えて弁才天が屋形から出御し、長刀を清盛に授けるという場面を迎えます。清盛は受け取った長刀を大きく振りかざし、厳島のクライマックスを迎えます。

最後には「フシヨ舞」が挿入されます。フシヨ舞は、芸能の最後の祝言舞です。演者はみな着座しながら、閉じた扇で拍子をとります。そのうちの一人が中央に歩み出て、足を踏み鳴らしながら、扇を開いて踊ります。最後に、祝い言葉の「入句（いりく）」を演者八人が唱和して終了となります。演者たちは、ロウソクをもった長老に導かれて舞台を後にします。

題目立という名前の由来は、はっきりわかりませんが、もともとは、神社の造替の時に奉納されたようです。奈良市東部の大和高原では、上深川町のほかに隣接する山添村峯寺でもかつて題目立が演じられていたことが明らかになっています。

演目には、「厳島」の他に「大仏供養」「石橋山」の三曲があります。「大仏供養」は、

122

題目立（フシヨ舞）

奈良の東大寺の転害門が舞台となるもので、平景清が源頼朝の暗殺をくわだてるという内容です。「厳島」が八人で演じられるのに対して、「大仏供養」は一人多い九人で演じられるため、最近の一〇年ほどは奉納されていません。また、もう一曲の「石橋山」は、源平合戦を題材としたものですが、長時間に及ぶ演目のため、明治時代以降奉納されていません。

地元に残る古い資料としては、江戸時代の中頃の享保一八（一七三三）年の台本があります。さらに、奈良市丹生町の丹生神社には天正三年、文禄三年と慶長年間の「厳島」の台本残欠五葉が伝わっています。興福寺の僧侶の英俊が記した、『多聞院日記』の題目立に関する記事とほぼ同時期のもので、題目立の古い歴史を物語る重要な史料といえます。

神へのそなえもの ─神饌─

談山神社の嘉吉祭（百味の御食）

百味の御食（和稲御供の調整）

今日私たちが神社でみる、鯛や大根、林檎といったお供え物は、ほとんど包丁を入れていないものをそのまま献じるのが一般的です。しかし、このような果物や野菜を丸ごとお供えする形式は、歴史的にみるとそれほど古くまでさかのぼるものでありません。この丸物神饌は、明治時代の初めに制定されたものなのです。それでは、江戸時代以前の神饌はどのようなものだったのでしょうか。奈良には、古式の神饌が数多く伝承されています。いずれも、様々な工夫をこらして、丁寧につくられた実に美しいお供えなのです。

最も古い形式の神饌が、春日大社の餢飳とよばれるものです。米粉を練り上げて、餃子のように側面にヒダをとって形作ったもので、仕上げにゴマ油で揚げています。奈良時代に中国から伝わった唐菓子とよばれるものが原型で、それが神社祭祀の中で、千年に渡って伝承された、まさに生きた化石のような神饌です。

一方、最も美しいのは、談山神社の秋の祭礼である嘉吉祭の百味の御食です。和稲御供とよばれるものは、大きさを揃えてえらびだし、五色に染め上げた米粒を、直

Column

神へのそなえもの─神饌─

奈良市西九条町倭文神社　人身御供と蛇御供

径三cmほどの和紙の台に一周四二粒をパターン図に合わせて糊で貼り付け、それを木製の芯木に六十段ほど積み上げて形作ったものです。側面の五色の米粒は、三角繋ぎ紋や、あるいは白地に卍という文様を赤く描きだしたりした精巧なものです。また、荒稲御供とよばれるものは、禾が長い赤米や黒米を籾がついた状態で、木製の芯に糊を使ってひとつぶひとつぶ貼り付けたもので、禾の部分が宝珠のように立ち上がる形状になります。貼り付ける米の数は約三千粒といわれており、気の遠くなるほど手間がかけられた神饌です。

百味の御食では、この他に棗や銀杏、茅の実などが、仏塔の形に積みあげられたものが供えられます。法隆寺の聖霊会のお供えとおなじように、もともとは寺院の仏饌として発達したもので、神仏習合のなかで、現在の談山神社に伝承されたものです。

この他にも人身御供とよばれる人体をかたどった神饌や里芋の土台に剣山のように果実を串刺にした神饌などさまざまな特殊神饌が奈良の秋祭りでは奉納されます。

天理市海知町恩智神社　シンカン祭の七色御供

32 高田のいのこの暴れまつり

◎桜井市高田　一二月の第一日曜日

高田のいのこの暴れまつり（仮屋アバレ）

亥の子祭りは、西日本に広くみられる収穫祭のひとつで、子供たちが亥ノ子石とよばれる石に紐をつけて地面を突いたり、藁束で地面を叩いたりするのが特徴です。高田のいのこの暴れまつりは、一般的な亥の子祭りとは異なり、「仮屋」、「膳」、「灯明消し」の三種類のアバレとよばれる所作から構成されています。いずれも、主役となる子供たちがふだんできないような大アバレをする大変賑やかなお祭りです。

祭礼当日の午後二時、地区の集荷場の前に、竹を組んだ二メートル四方のお仮屋の上に、地区の山口神社の御分霊をまつった屋形やお供え物等がのせられ、仮屋の枠には、農具の模型が吊り下げられます。当番の家の方々によって、豊作への感謝と村内安全が参列者全員で祈願されます。その後すぐに、お供えや屋形が下ろされ、いよいよ「仮屋アバレ」が始まります。

合図とともに、子供たちは仮屋に下げられた鍬や鎌、ナタや水差しなどの木製の農具の模型を引きちぎっていきます。最後には仮屋も押し倒し、叩き壊してしまいます。農耕儀礼としては、子供が大暴れすればするほど、豊作になるといわれています。アバレ

高田のいのこの暴れまつり（膳アバレ）

　の所作は、子供の元気な成長と作物の生育と豊作を重ねあわせているものと考えられます。

　次に場所を集荷場の中に移して、「膳アバレ」の準備が始まります。お膳に「鉢巻飯」とよばれる円錐形に形作った赤飯に三〇センチメートルほどの木の棒を三本差込んで立てたものを用意し、さらにその上に小さい円錐形に形作った赤飯とミソ汁をのせます。そして、カブラ、小芋、ワカメ、大豆、ハッタイ粉などの添え物の小皿とミソ汁が配膳されて準備完了です。合図と同時に、子供たちはお膳には一切手をつけず、足で蹴り飛ばします。あたりには味噌汁やハッタイ粉が飛び散り大変な騒ぎになります。子供たちは、お膳も食器もすべて粉々に叩き壊します。そのため、「座敷アバレ」とも呼ばれます。昭和四〇年頃までは当番の家の座敷でこのアバレをしました。

　最後は、「灯明消し（のアバレ）」です。集荷場の壁に棚をつくり、その上に神社の分霊を祭った仮屋を安置します。その前には、ロウソクが立てられ火が灯されます。火が灯された瞬間、子供たちが「火ケヤセ」と叫び、一斉に藁束をぶっつけて火を消してしまいます。「火ともせ」の大合唱の中ロウソクに再び火を灯すと、瞬く間に藁束が飛んできて火が消されます。これを何度も繰り返します。あたりには、もうもうとホコリが舞っています。約一時間近くこの大騒ぎが続いた後、子供たちが疲れ果てた頃を見計らって、やっと祭りは終了となります。

秋 —— 127

高田のいのこの暴れまつり（灯明消し）

すべての行事が終了した後で、当番の家の方々が屋形をもって、山口神社に向かいます。実は山口神社には、社殿がありません。社殿がある位置には「大汝詣り（オオナンジマイ）」という儀礼で吉野川から拾い集められた小石が積みあげられているだけです。したがって、御分霊をまつった屋形が神社の社殿のかわりと言えるのです。暗闇の中で無言で次の年の当番の家への引きつぎの儀礼が行われます。

亥の子祭りは、稲の収穫の後の種々の行事の最後を飾るもので、一連の農作業が一段落する節目となります。また、この日は稲の生育を見守ってくれた田の神が、山に帰る日とも考えられています。この祭りは、山口神社の灯篭に刻まれた寛文七年（一六六七）の年号から、江戸時代から続いているものと推定されます。現在、祭礼当番の方の持ち回りの古文書には、明治時代からの祭礼の記録が記載されています。地域の人たちは、一丸となってこの祭りの保存と伝承に取り組んでいます。

33 春日田楽初宮詣

◎奈良市鍋屋町　初宮神社　一二月一七日

春日田楽初宮詣（中門口）

　田楽とは田楽踊りのことで、中世に大流行した芸能です。ササラ、笛、鼓、太鼓を用いた奏楽と曲芸、それに田楽能から構成されます。その芸態も装束も古式ゆかしく大変美しいものです。現在でも、春日若宮おん祭において、中世から伝わる田楽踊りをみることができます。

　一二月一七日の春日若宮おん祭の当日、午前九時半頃、昼からのおん祭のお渡り式に先立って、田楽座の一行は奈良市鍋屋町の初宮神社に参拝します。そろって拝礼した後、はじめに「中門口」とよばれる曲の演奏です。手にしている楽器は木片を編んだササラとよばれるもので、笛、太鼓に合わせて、小気味よい響きを奏でています。奈良県の東部山間地域で秋祭りに奉納される芸能は、この曲がもとになっています。次は、曲芸の一つの「刀玉」です。手にしているのは剣先形の刀です。現在は、両手に刀を持って二人で対面して所作を披露するだけですが、江戸時代の絵巻では、刀をお手玉のように投げ上げています。続いて「高足」です。竹馬のような高足に

秋 ── 129

春日田楽初宮詣（田楽能）

足をかけて手を広げてポーズをとっています。本来はこれに乗って飛び跳ねるという曲芸のひとつでした。

曲芸の最後は、一﨟刀玉（いちろうかたなだま）です。一﨟とは僧侶の位階の上位の者をさしますが、ここでは田楽座の長のことを意味します。持っているのは先ほどの刀玉と同じ刀です。座りながら、刀をお手玉のように上に投げ上げます。大変難しい技といえます。

一連の曲芸が終わると、次に田楽能がはじまります。はじめは「もどき開口」です。まず、正面左側の演者が前に歩み出て、めでたい言葉を重ねています。次に、右側の演者が前に進み、同じく仏法やお寺を讃える言葉を並べます。被っている赤い色の笠は綾藺笠（いがさ）とよばれるものです。装束も同じく赤を基調とした色で、緞子（どんす）で出来た大変美しいものです。

「めでたきものは御寺の繁昌、悪しきものは、チリのように、他方世界へパッパッと散り」と謡っています。このように仏教やお寺を讃える言葉が並べられているのは、田楽座がもともと興福寺に所属していたことを表しています。

つぎに、「立合舞（たちあいまい）」が奉納されます。扇を開いて、二人の演者は交互に前後しながら、めでたい台詞を並べて舞を奉納します。田楽は基本的に二人の演者で、芸を奉納します。江戸時代までは本座と新座という二つの座から構成され、それぞれ芸能が奉納されていたからです。田楽能で、初宮神社での芸能の奉納が終わり、一同は拝礼の後、初宮

130

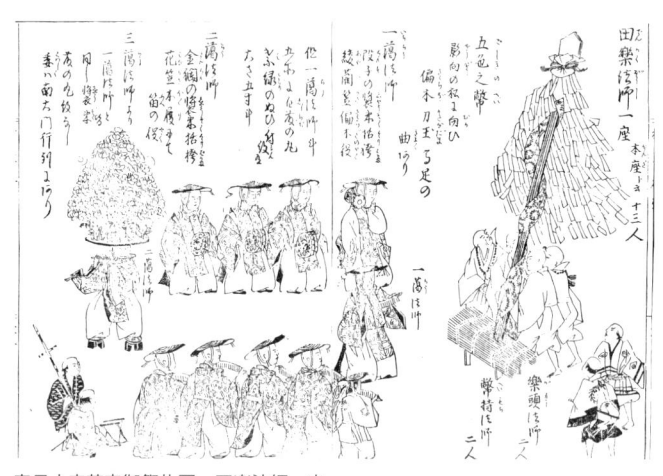

春日大宮若宮御祭礼図　田楽法師一座

神社を後にし、お渡りの行列に加わります。この後、松の下式とお旅所祭でも田楽座による田楽の奉納が行われます。

田楽座はもともと興福寺に所属し代々世襲で芸能を伝承してきました。その歴史は古く、平安時代末に春日若宮おん祭が始まった当初から参勤していました。猿楽座と並んで日本の中世芸能史を代表する芸能集団といえるのです。明治時代初めの廃仏毀釈の混乱の時期には、私財を投じて田楽の伝承に努めました。そのおかげで、今日私たちはおん祭で中世から伝わる田楽踊りをみることができるのです。

おわりに──映像人類学の試み

1 無形文化財の映像記録

民俗文化財には有形のものと無形のものがあります。有形のものは生活の道具である民具などをさします。

一方、無形のものは、形としては存在しない、お祭りや祈りといった信仰の形、それに技術などをさします。無形民俗文化財は有形民俗文化財と異なり、適切な保存策をとらないと伝承が途絶えてしまい、消えて無くなってしまいます。一旦失われてしまうと、後には何も残りません。したがって、なんらかの形で記録を残すことが特に重要です。現在は、農業や林業などの生活基盤の変化や、地域の集団構造や生活習慣の変化などによって、伝統的な祭礼や行事といったものが急速に失われてきています。無形民俗文化財の保存と伝承は、まさに危機的な状況にあるといえます。

奈良県はもともと写真が盛んな土地柄です。祭礼行事の写真の先駆けは、昭和一九年に刊行された辻本好孝氏の『和州祭礼記』という本です。辻本氏は新聞記者でしたので、祭礼の調査と記録に当時では珍しい小型カ

2 映像人類学の実践的試み

映像人類学とは、Visual Anthropology で、文字通り静止画や動画で対象となる民族の生活文化や儀礼、芸能などを記録し研究する人類学の一分野です。その歴史は映像記録機器が登場した一九世紀にまで遡ります。カメラのファインダーを通した映像は、撮影者の目線すなわち「認識のフィルター」を通したものではありま

メラを活用しました。この本には、昭和一〇年前後の貴重なお祭りの写真が掲載されています。県内各地の祭りの現地調査に出かけると、公民館に過去一〇年間ほどの地域の祭りで撮られた、記念の集合写真が飾られているのを目にすることがあります。地区の世話役の方を中心にして、子供たちや親御さんが仲良く写っている写真を見るたびに、なんだか懐かしい記憶としてよみがえってくるような気がします。

従来であれば、このような祭礼民俗芸能の記録手段としては、スチル写真しかありえず、学術的な調査報告書の類もすべてスチル写真の組み合わせによって、舞や踊りの所作が再現されていました。しかし、最近一〇年間のビデオカメラの高品位化と小型化はめざましく、地域の祭礼行事などがビデオ映像で記録される機会も多くなってきています。ビデオカメラでこのような祭礼や芸能等を記録する利点は、画像と音声が同時にシーケンスをもって記録できるという点とその圧倒的な情報量の多さにあります。歌や連続する所作やセリフなど、およそスチル写真では記録できない膨大な量の情報が記録可能なのです。無形民俗文化財の記録保存にとって、これほど適した方法は他にないといえます。

国際人類学民族学会議（中国雲南大学）

すが、文字による記述とは異なり、冷徹に被写体を記録した映像を共有できるというメリットがあります。近年映像機器の小型化とパーソナルコンピュータの普及、さらにインターネットの発達によって、映像人類学は活発化しています。二〇〇九年七月に中国雲南省の昆明市で開かれた第一六回国際人類学民族学会議でも、「文化の煌（cultural glimpses）」と題されたフィルムフェスティバルが開催されました。そこでは、世界中からノミネートされた一二三本の映画が上映され、活発な議論が展開されました。

映像人類学においては、短編の調査記録映像も重要ですが、特定の地域あるいは特定の時代、特定のテーマ等のカテゴリーに複数の映像が集積されたアーカイブに、最も大きな有効性があるといえます。現在、筆者の手元にある奈良県内の伝統的な祭礼を記録した多数のビデオテープは、二台の1TBのハードディスク内に、DV―AVI形式で保存されています。この基盤的なアーカイブをもとに、一〇分から一五分の長さで編集された「大和祭礼動画」と、3分ほどの短い映像を中心とした「祭礼行事アーカイブ」という二つのサブアーカイブを整備しました。これらのサブ映像アーカイブをネットワークハードディスクに収録し、大学内のイントラネットを通じて、奈良県内の祭礼行事をテーマとした専門科目の授業で活用しています。短いバージョンの「祭礼行事アーカイブ」用にDVDを作成した際に、もともとは平成一六年から一八年にかけてNHK奈良放送局で放送されたものを再編集して作成したものです。カンターファイルとしてソフトウエア上に保存

このように、無形民俗文化財の祭礼を、汎用性の高い形式で動画として記録保存しておくことは、単なる映像としての記録保存だけでなく、学校教育や公民館などでの社会教育施設での教育普及活動や、一度失われてしまうと再現の困難な無形民俗文化財が途絶えてしまった場合の再興など、様々な用途で利用されうる大きな可能性を持っています。特に、民俗芸能の記録保存では映像で記録をとることによって、複雑な手と足の動きを分解して画像化できるため、風流の盆踊りなどの難しい踊りの伝習には最適な教材を提供できるといえます。

一方、無形民俗文化財をビデオカメラで映像記録することに全く問題がないわけでもありません。その一つは、映像を再生するためにプレイヤーやビデオカメラなどの専用機材が必要なことです。また、最近の一〇年間をみても、VHS−Cや8ミリビデオテープ、DVテープ、ハイビジョン対応のDVテープ、ハードディスクに記録するAVCHDなど、めまぐるしくカメラの構造や記録方式が変化しています。これらを統一した形式で記録再生可能なアーカイブの構築が急務であるといえます。この問題に対応するために、筆者は、最も記録本数の多いDVテープの映像データをAVIファイルとしてハードディスクに保存管理して、祭礼映像の汎用的な基盤的アーカイブを構築しました。先述のサブアーカイブは、この基盤アーカイブをもとに構築したものです。いずれにしても、将来にわたって、撮りためた数多くの映像を活用するためには、再生機器を動態保存することが最低限必要な措置であることはい

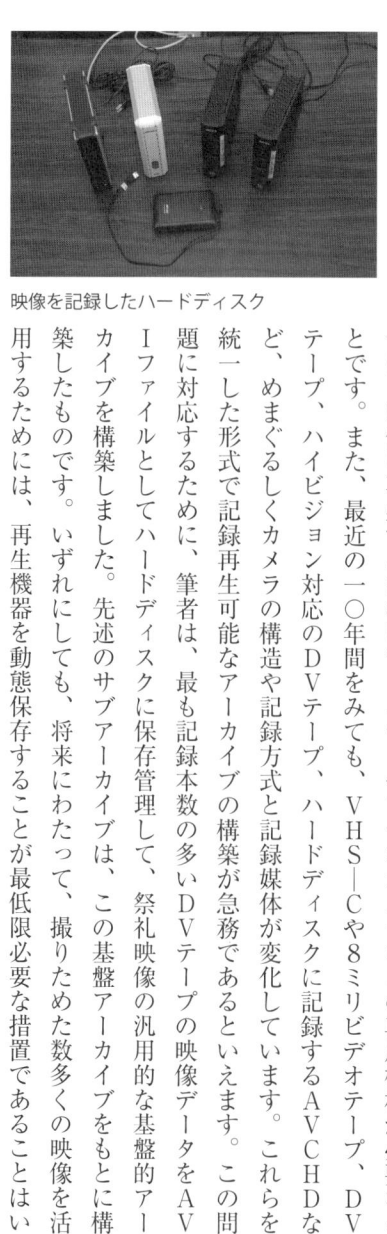

映像を記録したハードディスク

うまでもありません。

3 無形民俗文化財の記録保存と公的な映像アーカイブの整備にむけて

現在、無形文化財の伝承基盤となる農山村の少子高齢化と人口減少は年々進行し、無形文化財の伝承は限界の局面を迎えているといっても過言ではありません。一研究者としてできることは、このような無形文化財の重要性を内外に向けて発信することや、記録を保存することしかありません。今こそ、国民共有の財産として、無形文化財の保存について取り組むべき方策を論議するべき時が来ていると言えるのです。

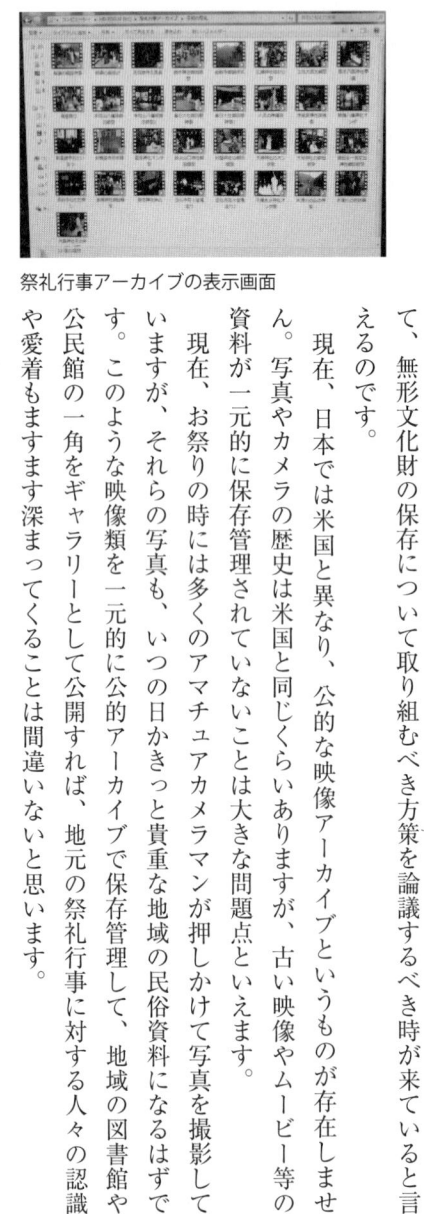

現在、日本では米国と異なり、公的な映像アーカイブというものが存在しません。写真やカメラの歴史は米国と同じくらいありますが、古い映像やムービー等の資料が一元的に保存管理されていないことは大きな問題点といえます。

現在、お祭りの時には多くのアマチュアカメラマンが押しかけて写真を撮影していますが、それらの写真も、いつの日かきっと貴重な地域の民俗資料になるはずです。このような映像類を一元的に公的アーカイブで保存管理して、地域の図書館や公民館の一角をギャラリーとして公開すれば、地元の祭礼行事に対する人々の認識や愛着もますます深まってくることは間違いないと思います。

祭礼行事アーカイブの表示画面

一方、もうひとつ重要なのは、各家庭で撮りためられているホームムービーの活用です。かつての8ミリフィルムで撮影された映像は、それぞれの家庭での子供の成長記録などが大半を占めると思われますが、なかには地域の祭礼などが記録されているものも少なくないと思います。これらの映像は、地域の決して大昔ではない近い過去、つまり近過去の有り様を記録した、現在の時点からみると大変貴重な映像です。このような映像資料を自治体などが一元的に保存管理して活用することによって、極めて貴重な地域の映像アーカイブを構築することが可能になるといえます。また、収集資料の範囲を、スチル写真にまで広げれば、過去半世紀の劇的な地域社会の変化の過程を映像によって辿ることができると思われます。

われわれは、今できるところから、無形民俗文化財の保存について考え、そして行動していく必要があります。映像記録の保存とアーカイブの構築と公開は、その第一歩にすぎません。本書で収録できなかった映像資料についても順次公開していきたいと思います。

最後になりましたが、本書は、財団法人放送文化基金から助成、援助（平成一九年度　人文社会・文化「大和の伝統的祭礼と芸能の映像アーカイブの構築」）をうけて作成したものです。あらためて関係各位にお礼もうしあげます。

引用・参考文献

● はじめに

本田安次「春日神社の御田植祭」『田楽・風流一』木耳社、一九六七年。

岩井宏実「御田植神事」『吉野町史 下巻』吉野町役場、一九七二年。

奈良県立民俗博物館『大和の年中行事 稲作とまつり』、一九八四年。

武藤康弘「子供が暴れると豊作」『大学的奈良ガイド』昭和堂、二〇〇九年。

● 正月

塩入亮策「修正会と修二会」『仏教行事散策』中村元編著、東京書籍、一九八九年。

河合の弓引き行事

『奈良県指定文化財 平成一三年度版(第四三集)』奈良県教育委員会、二〇〇三年。

陀々堂の鬼はしり

『奈良県指定文化財 昭和五四年度版』奈良県教育委員会、一九八〇年。

茅原のトンド

『奈良県指定文化財昭和五七年度版』奈良県教育委員会、一九八四年。

篠原おどり

宮本常一『吉野西奥民俗採訪録』日本常民文化研究所、一九四二年。

本田安次「奈良県大塔村の篠原踊」『本田安次著作集 日本の伝統芸能』第一三巻、錦正社、一九九七年。

紀伊半島民俗芸能祭二〇〇四実行委員会『紀伊半島民俗芸能祭二〇〇四』二〇〇四年。

江包・大西の御綱祭り

奈良県教育委員会『奈良県指定文化財　昭和五三年度版』一九八〇年。

国栖奏
奈良県教育委員会『奈良県指定文化財　昭和五二年度版』一九八〇年。
尾崎富義「国栖奏の由来と現況」桜井満・岩下均編『吉野の祭りと伝承』おうふう、一九九〇年
吉野町『増補吉野町史』二〇〇四年。
野本寛一『栃と餅』岩波書店、二〇〇五年。
武藤康弘「堅果類のアクヌキ法」『縄文時代の考古学五　なりわい　食料生産の技術』同成社、二〇〇七年。

● 春
奈良県立民俗博物館『農耕儀礼─御田祭と野神まつり─』一九八〇年。
新井恒易『農と田遊びの研究』明治書院、一九八一年。
大宮守人「県内御田植祭の詞章について」『奈良県立民俗博物館研究紀要』五号、一九八一年。
奥野義雄「予祝儀礼・御田植と中世農民─大田植と勧農の接点について」『奈良県立民俗博物館研究紀要』第五号、一九八一年。
野本寛一『稲作民俗文化論』雄山閣出版、一九九三年。
樋口昭、岩坂七雄、池田敦他「大和の御田」『埼玉大学紀要（教育学部）』人文・社会科学』第四九巻、一号、二〇〇〇年。
樋口昭、岩坂七雄、池田敦他「大和の御田Ⅱ─八乙女をめぐって─」『埼玉大学紀要（教育学部）人文・社会科学』第五一巻、二号、二〇〇二年。
武藤康弘「大和における御田植祭の系譜」『万葉古代学研究所年報』第四号、二〇〇六年。
藤本愛「オンダ行事と伝承地の稲作農事暦─奈良県内オンダ行事の地域的特色」『日本民俗学』二五五号、二〇〇八年。

平尾のオンダ

奈良県教育委員会『奈良県指定文化財 平成三年度版』一九九三年。

上野誠「平尾水分神社のオンダ」桜井満、瀬尾満編『宇陀の祭りと伝承』おうふう、一九九五年。

手向山八幡宮の御田植祭

浦西勉「手向山八幡神社の御田植祭り」『奈良市民俗芸能調査報告書―田楽・相撲・翁・御田・神楽―』奈良市教育委員会、一九九〇年。

奈良国立博物館『手向山八幡宮と手掻会』二〇〇二年。

六県神社の御田植祭

川西町史編集委員会『川西町史本文編』川西町、二〇〇四年。

奈良県教育委員会『奈良県指定文化財 平成十七年度版（第四七集）』二〇〇六年。

春日大社御田植神事

鹿谷勲「春日大社の御田植行事」『奈良市民俗芸能調査報告―田楽・相撲・翁・御田・神楽』奈良市教育委員会、一九九〇年。

春日顕彰会『春日社伝神楽調査報告』一九七五年。

大東延和他編『春日大社年表』春日大社、二〇〇三年。

本田安次「春日神社の御田植祭」『田楽・風流一』木耳社、一九六七年。

本田安次「春日大社の御田植祭」『本田安次著作集 日本の伝統芸能』第八巻、錦正社、一九九五年。

野依のオンダ

奈良県教育委員会『奈良県指定文化財 平成七年度版（第三七集）』一九九七年。

入江英弥「野依・白山神社のオンダ」桜井満他編『宇陀の祭りと伝承』おうふう、一九九五年。

武藤康弘「祭礼と異性装―野依白山神社のオンダ祭をめぐって」『奈良女子大学文学部研究教育年報』第四号、二〇〇七年。

コラム　農耕儀礼と異性装

速水春暁斎『諸国図会年中行事大成』文化三（一八〇六）年、河内屋茂兵衛

●夏

奈良県立民俗博物館『大和の年中行事　稲作とまつり』一九八四年。
奈良県立民俗博物館『農耕儀礼　御田祭と野神まつり』一九八〇年。
地黄のススツケ行事
奈良県教育委員会『奈良県指定文化財　平成四年度版（第三四集）』一九九四年。
鍵の蛇巻き・今里の蛇巻き
奈良県教育委員会『大和の野神行事（上）』一九八五年。
金峯山寺の蓮華会（蛙飛び）
奈良県教育委員会『奈良県指定文化財　平成十五年度版（第四五集）』二〇〇五年。
大石泰夫「蓮華会と蛙飛び行事」桜井満、岩下均編『吉野の祭りと伝承』おうふう、一九九〇年。
田中利典「金峯山寺蓮華会の法会と法螺音用」『秋篠文化』秋篠音楽堂運営協議会、第四号、二〇〇六年。
御所の献灯行事
奈良県教育委員会『奈良県指定文化財　平成一一年度版（第四一集）』二〇〇一年。
桜井満、大石泰夫編『葛城山の祭りと伝承』おうふう、一九九二年。
田原の祭文音頭
奈良県教育委員会『奈良県指定文化財　平成一〇年度版（第四〇集）』二〇〇〇年。
田井竜一、廣井栄子「田原の祭文語り・祭文踊り」『奈良市民俗芸能調査報告書——六斎念仏・風流・語りもの——』奈良市教育委員会、一九九〇年。
久保田敏子「祭文から音頭へ——その源流と変遷——」『秋篠文化』秋篠音楽堂運営協議会、第七号、二〇〇九年。
村井市郎「大和の祭文音頭とその系類」『秋篠文化』秋篠音楽堂運営協議会、第七号、二〇〇九年。
八島の六斎念仏

奈良県教育委員会『奈良県指定文化財（第三五集）』一九九五年。
岩井宏實、田井竜一、廣井栄子「八島の六斎念仏」『奈良市民俗芸能調査報告書―六斎念仏・風流・語りもの―』奈良市教育委員会、一九九〇年。
鹿谷勲「奈良県の六斎念仏―その事例と特色―」『秋篠文化』秋篠音楽堂運営協議会、第五号、二〇〇七年。
東坊城のホーランヤ
奈良県教育委員会『奈良県指定文化財』一九八三年。
十津川（西川）の大踊
本田安次『民俗芸能採訪録』日本放送出版協会、一九七一年。
奈良県教育委員会『奈良県指定文化財』昭和五六年度版』一九八二年。
本田安次「奈良県十津川村の盆踊」『本田安次著作集 日本の伝統芸能』第一三巻、錦正社、一九九七年。
深瀬常保『西川盆踊り歌』西川大踊り保存会、二〇〇三年。
沼平康雄『小原盆踊り歌』小原踊り保存会、二〇〇五年。
尾中嘉明『武蔵盆踊り歌』武蔵踊り保存会、二〇〇五年。
阪本踊り
本田安次『民俗芸能採訪録』日本放送出版協会、一九七一年。
奈良県教育委員会『奈良県指定文化財（第三〇集）』一九八九年。
本田安次「奈良県大塔村の阪本踊」『本田安次著作集 日本の伝統芸能』第一三巻、錦正社、一九九七年。
紀伊半島民俗芸能祭二〇〇二実行委員会「阪本踊り」『紀伊半島民俗芸能祭二〇〇二』二〇〇二年。
大柳生の太鼓踊り
奈良県教育委員会『奈良県指定文化財 昭和五十二年度版』一九八〇年。
奈良市教育委員会「奈良市民俗芸能調査報告書―六斎念仏・風流・語りもの―」一九九〇年。
木津川の祈禱念仏
紀伊半島民俗芸能祭二〇〇五実行委員会「木津川の祈禱念仏」『紀伊半島民俗芸能祭二〇〇五』二〇〇五年。

142

国栖の太鼓踊り
奈良県教育委員会『奈良県指定文化財　昭和六二年度版（第二九集）』一九八八年。
吉野町『増補吉野町史』二〇〇四年。

吐山の太鼓踊り
奈良県教育委員会『奈良県指定文化財　昭和五九年度版』一九八五年。

●秋

浦西勉「田楽—奈良市東山間の田楽成立の背景を中心に—」『奈良市民俗芸能調査報告書—田楽・相撲・翁・御田・神楽—』奈良市教育委員会、一九九〇年。

横出洋二「神事相撲」『奈良市民俗芸能調査報告書—田楽・相撲・翁・御田・神楽—』奈良市教育委員会、一九九〇年。

西瀬英紀「翁—秋祭神事芸能としての猿楽の定着をめぐって—」『奈良市民俗芸能調査報告書—田楽・相撲・翁・御田・神楽—』奈良市教育委員会、一九九〇年。

橋本裕之「春日大社の社伝神楽—東山中との関連を中心に—」『奈良市民俗芸能調査報告書—田楽・相撲・翁・御田・神楽—』奈良市教育委員会、一九九〇年。

岡本彰夫「社伝神楽」『春日文化』第二冊、一九九四年。

吉川雅章「談山神社の祭　嘉吉祭神饌百味の御食」綜文館、一九九五年。

福原敏男「神仏の表象と儀礼—オハケと強飯式—」歴史民俗博物館振興会、二〇〇三年。

春日若宮おん祭『解説書　特集相撲とおん祭』二〇〇〇年。

安田次郎『寺社と芸能の中世』山川出版社、二〇〇九年。

邑地の神事芸能
奈良県教育委員会『奈良県指定文化財　平成元年度版（第三一集）』一九九一年。
西瀬英紀「邑地・水越神社のジンパイ、翁舞、スモウ」『奈良市民俗芸能調査報告書—田楽・相撲・翁・御田・

神楽―」奈良市教育委員会、一九九〇年。

奈良豆比古神社の翁舞
奈良地域伝統文化保存協議会『奈良豆比古神社の祭礼と芸能』二〇〇六年。

狭川の神事芸能
奈良県教育委員会『奈良県指定文化財　平成四年度版』一九九四年。
西瀬英紀、岩坂七雄「狭川・九頭神社のバタランバタラン、ピッピラ、コハイ、タチハイ、スモウ、翁舞』『奈良市民俗芸能調査報告書―田楽・相撲・翁・御田・神楽―」奈良市教育委員会、一九九〇年。

柳生の宮座行事
奈良県教育委員会『奈良県指定文化財　昭和六〇年度版』一九八六年。
鹿谷勲「柳生・八坂神社のスモウの舞、ササラの舞、ヨーガの舞」『奈良市民俗芸能調査報告書―田楽・相撲・翁・御田・神楽―」奈良市教育委員会、一九九〇年。

曽爾の獅子舞
奈良県教育委員会『奈良県指定文化財　昭和五三年度版』一九八〇年。
田村勇「門僕神社の秋祭り」桜井満、瀬尾満編『宇陀の祭りと伝承』おうふう、一九九五年。
鹿谷勲「曽爾の獅子舞」『秋篠文化』秋篠音楽堂運営協議会、創刊号、二〇〇三年。

題目立
本田安次「題目立」『本田安次著作集　日本の伝統芸能』第一三巻、錦正社、一九九七年。
題目立保存会『題目立』一九七四年。
奈良地域伝統文化保存協議会『都祁上深川・八柱神社の祭礼と芸能』二〇〇六年。
奈良県教育委員会『奈良県指定文化財平成元年度版（第三一集）』一九九一年。

高田のいのこの暴れまつり
奈良県教育委員会『奈良県指定文化財　平成一六年度版（第四六集）』二〇〇六年。

春日田楽初宮詣

春日顕彰会『春日田楽・細男調査報告』一九七六年。
伊藤礎十郎『田楽史の研究』吉川弘文館、一九八六年。
春日大社『春日大宮若宮御祭礼図』。
春日大社『第八七三回 春日若宮おん祭解説書 特集おん祭と田楽』二〇〇八年。
コラム 田楽と相撲
横出洋二「奈良市の神事相撲について」『京都民俗』京都民俗学談話会、一二〇号、一九九三年。
コラム 神へのそなえもの─神饌─
岩井宏實編『神饌─神と人々の饗宴』同朋舎出版、一九八一年。
岡本彰夫『大和古物漫遊』ぺりかん社、二〇〇三年。

● おわりに
辻本好孝『和州祭礼記』天理時報社、一九四四年。
高田健一郎『大和の祭り』向陽書房、一九九一年。
豊田八十代『奈良の年中行事』奈良明新社、一九一九年。
高橋秀雄・鹿谷勲編『祭礼行事・奈良県』おうふう、一九九一年。
鹿谷勲『やまとまつり旅』星雲社、二〇〇一年。
奈良新聞社『大和の神々』一九九六年。
田中眞人『奈良大和路の年中行事』淡交社、二〇〇九年。
野本暉房『奈良大和の祭り』東方出版、二〇〇九年。
林宏『吉野の民俗誌』文化出版局、一九八〇年。
入江泰吉、山田熊夫『大和の祭り』朝日新聞社、一九七四年。
分藤大翼「映像と記録」『文化人類学事典』丸善、二〇〇九年。

■著者略歴

武藤康弘（むとう・やすひろ）
奈良女子大学文学部准教授
専門　文化人類学　民俗学　民族考古学
1959年　秋田県生まれ
1983年　國學院大學文学部史学科卒業
1985年　國學院大學大学院修士課程修了
1985年　東京大学遺跡調査室員
1987年　東京大学文学部助手に採用される
1997年　東京大学に学位論文を提出し、博士（文学）の学位を授与される。
1998年　東京大学大学院人文社会系研究科助手に配置換え
1999年　奈良女子大学文学部助教授に採用される。准教授に職名変更し現在に至る。
2004年3月から2006年3月まで、NHK奈良で、奈良県内の祭礼行事を紹介する番組「やまと歳時記」を93回放送。

映像で見る　奈良まつり歳時記

2011年4月10日　初版第1刷発行　　定価はカバーに表示しています

著　者　　武　藤　康　弘
発行者　　中　西　健　夫

発行所　株式会社　ナカニシヤ出版

〒606-8161 京都市左京区一乗寺木ノ本町15
　　　　　TEL（075）723-0111
　　　　　FAX（075）723-0095
　　　http://www.nakanishiya.co.jp/

Ⓒ Yasuhiro MUTO 2011　　印刷／ファインワークス・製本／兼文堂

落丁・乱丁本はお取替えいたします
Printed in Japan.

ISBN978-4-7795-0496-9 C0039